山西省高校人文社科重点研究基地黄河文化生态研究院项目资助

山西书院文化源流

SHANXISHUYUANWENHUAYUANLIU

杨珺 马燕萍 等著

山西出版传媒集团

山西人民出版社

图书在版编目 （ＣＩＰ）数据

山西书院文化源流 / 杨珺，马燕萍等著 . –– 太原 : 山西人民出版社，2022.8
ISBN 978-7-203-12163-3

Ⅰ.①山…　Ⅱ.①杨…　Ⅲ.①书院 – 传统文化 – 山西
Ⅳ.①G649.299.25

中国版本图书馆 CIP 数据核字（2022）第 142655 号

山西书院文化源流

著　　者：杨　珺　马燕萍 等
责任编辑：郭向南
复　　审：吕绘元
终　　审：武　静
装帧设计：吉志峰

出 版 者：山西出版传媒集团·山西人民出版社
地　　址：太原市建设南路 21 号
邮　　编：030012
发行营销：0351-4922220　4955996　4956039　4922127（传真）
天猫官网：https://sxrmcbs.tmall.com　电话：0351-4922159
E – mail：sxskcb@163.com　发行部
　　　　　sxskcb@126.com　总编室
网　　址：www.SXSKCB.COM

经 销 者：山西出版传媒集团·山西人民出版社
承 印 厂：山西新浪印业有限公司

开　　本：787mm×1092mm　1/16
印　　张：11
字　　数：210 千字
版　　次：2022 年 8 月　第 1 版
印　　次：2022 年 8 月　第 1 次印刷
书　　号：ISBN 978-7-203-12163-3
定　　价：68.00 元

目　录

导　论

　　书院,是古代中国和受中国文化影响的东亚文化圈的一种特殊文化现象,起于唐朝,止于清末,是古代这一区域特有的教育组织机构和学术研究场所。由唐而历五代、宋、元、明、清,1300余年间,书院几乎遍布除今西藏之外的中国所有省区,前后总计7000所以上,成为读书人文化教育生活不可或缺的组成部分。它为中国教育、学术、出版、藏书等事业的发展,对学风士气、民俗风情的培植,对国民思维习惯、伦常观念的养成等都做出了重大贡献。[①]中国古代书院是独具特色的文化教育机构。从唐中叶至晚清,书院作为一种主要的文化教育组织延续了一千多年之久,形成了独具特色的制度和精神,为中华文明的延续传承做出了重大的历史贡献。从世界文明的宏观视野考察,中国书院既是世界教育体系中的一种独特教育模式,也是东亚儒家文化的典型形态。在中国书院存在的一千多年的历史中,书院对于培养人才、繁荣学术文化、推动社会教育、引导意识形态都起到了不可替代的作用。研究古代中国书院的起源、发展历程、管理方式等,对于了解古代中国的人才培养制度及其社会影响和在意识形态方面的作用都有重要的意义。

　　山西位于黄土高原,山水环绕,素有"表里山河"之称。五千年来,山西一直是文化昌明之地。尧建都山西,周成王桐叶封弟叔虞于晋地,历史上的山西还有"春秋五霸"之一的晋文公重耳、杰出的少数民族政治家北魏孝文帝、起兵太原夺取天下的李渊父子、历史上唯一的

[①]邓洪波、周月娥:《八十三年来的中国书院研究》,《湖南大学学报(社会科学版)》2007年第3期,第31页。

女皇帝武则天等。历史上的山西人才济济、群星璀璨,在政治、军事、哲学、历史、文学等每一个领域都有当时中国的领军人物。思想家有荀况、王通、薛瑄;政治家有霍光、狄仁杰、裴度;军事家有李牧、廉颇、卫青、霍去病、关羽、郭子仪;诗人有王勃、王翰、王之涣、王昌龄、王维、白居易、温庭筠、元好问;文学家有柳宗元、罗贯中、白朴、马致远、郑光祖;史学家有司马光;高僧有法显、慧远、昙鸾等。山西丰裕、厚重的人文历史资源使其在中华文明史中具有重要的地位,其思想文化无疑是中华文明最光辉夺目的组成部分之一。

研究中国历史和中华文明,不能不研究书院在历史发展中的作用;研究山西历史和山西文化,也不能不研究山西书院在山西历史发展中的作用。山西书院的发展沿革与当时国家的政治体制、经济发展、文化观念息息相关,受科举制影响而产生的书院制度之于三晋大地的文化与教育发展意义重大,山西历代书院都在不同程度上影响了山西的社会发展和地域文化。自北宋以后,随着辽、金等北方少数民族政权的建立,山西成为少数民族政权和汉族政权对峙的前线。受此影响,汉族政权的政治中心、文化中心不可避免地远离山西;辽、金均在山西建立了书院,由此显示了以农耕文明为主的汉族文化对以游牧文明为主的北方少数民族文化的影响。对于山西书院的研究,应当放在社会历史发展的大背景下,用历史的眼光和辩证的思维开展,才能得出较客观的结果,产生积极的作用和价值。

中国四大书院岳麓书院、白鹿洞书院、嵩阳书院、应天书院无一在山西,这体现出山西自唐以后在中国文化地位中的下降,也显示出在唐宋以后中国经济和文化重心的南移。纵观历史发展进程,中国的经济和文化重心有一个从黄河流域向长江流域、珠江流域转移的过程,山西在中国政治、经济、文化中的地位经历了一个核心—重心—非重心的变化过程。特别是检索山西的文化名人,唐宋之前较多,而在元代之后三晋文化在中国文化中的地位和影响则日益式微。究其原因,有自然环境的变化、政治中心的转移、其他地区的经济发展、民族间的争战与冲突以及山西自给自足的封闭型经济难以再为文化的创新性发展提供帮助和支撑等诸多因素。

一、中国书院研究概要

最早对书院进行研究的是明末清初著名思想家王夫之,他在《宋论·书院》中专门论述了书院兴起的原因和作用。1923年,胡适发表的两篇文章《书院的历史与精神》和《书院制史略》,认为一千年以来,书院在教育上实在占一个重要位置,国内最高学府和思想的渊源,唯书院是赖,书院为我国古时最高教育机关。我国的书院可以与外国的大学研究院媲美,书院与十九世纪末西方教育界所倡的"道尔顿制"精神大概相符。之后,盛朗西在《中国书院制度》中,按照朝代顺序,系统详尽地论述了书院制度的源流和发展演变过程,对书院的讲学制度、藏书制度、师生制度、教学风气及书院的优点等进行了系统的研究,收集了与书院相关的包括政府法令条文在内的大量史料,至今仍是人们研究书院不可或缺的参考文献。同时期的相关研究成果还有柳诒征的《江苏书院志初稿》,陈东原的《庐山白鹿洞书院沿革考》《清代书院学风之变迁》,钱穆的《五代时之书院》,邓之诚的《清季书院述略》,张君劢的《书院制度之精神与学海书院之建立》,杨家骆的《书院制之缘起及其优点》。据不完全统计,中华人民共和国成立前发表的有关书院的学术论文超过70篇。①具体统计见下表:

表1-1　1923—1949年书院研究论文分年代统计表

年　代	著　作	期刊论文
20世纪20年代		7
20世纪30年代		38
20世纪40年代		26
合　计		71

①邓洪波、周月娥:《八十三年来的中国书院研究》,《湖南大学学报(社会科学版)》2007年第3期,第31—40页。

中华人民共和国成立后,也就是1950—1979年,这一段时间内大陆的教育理念受苏联影响较大,教育模式很多是照搬苏联的,文、史、哲和很多其他社会科学的研究不够活跃,特别是对书院的研究进入一个低迷的阶段。这段时间,除各地《文史资料》刊登17篇书院相关资料之外,只发表了3篇相关论文。需要说明的是,这一时期,虽然大陆在书院的学术研究上出现停滞,同时期的台湾、香港学界关于书院的研究并未停止。根据2007年邓洪波、周月娥在《湖南大学学报(社会科学版)》第21卷上发表的《八十三年来的中国书院研究》一文,"这个阶段,当大陆的研究停滞不前时,台湾、香港学者则于50、60、70年代分别发表16、11、15篇文章,并重印盛朗西、刘伯骥两书。所有这些努力,保有书院研究这一学术园地不致荒芜"。根据有关学者统计,这个时期,共有研究书院的相关论文约65篇。

表1-2　1950—1979年书院研究论文分年代统计表

年代	著作	期刊论文
20世纪50年代		19
20世纪60年代		29
20世纪70年代		17
合计		65

1979年,以杨荣春在《华南师院学报》发表《中国古代书院的学风》和周力成发表《漫话东林书院》为标志,在经历漫长的停滞之后,书院研究又重新回到大陆学术界的视野。自此之后,国内外(特别是大陆)对于中国古代书院的研究进入一个井喷期。我国的书院研究者从资料与工具书的编辑整理、书院发展及其制度、书院对当代教育的影响、书院的建筑艺术及文化特色、传统书院的历史研究和保护、当代书院的复兴与文化传承等方面进行了诸多深入的研究,取得了丰硕的研究成果。这一段时间内,研究书院的相关论文多达1576篇,其中期刊论文1549篇、硕士论文26篇、博士论文1篇。这段时期的学术著作也是

成果累累,其中有李国钧主编的《中国书院史》、季啸风主编的《中国书院辞典》,陈谷嘉、邓洪波所著的《中国书院制度研究》和邓洪波所著的《中国书院史》。李国钧 1994 年出版的《中国书院史》梳理书院从唐代至清代一千余年的发展历程,介绍书院藏书、刻书、考试情况以及历代书院名录,讨论书院与宋元以来中国各主流思想学派的关系;2005 年邓洪波出版的《中国书院史》是近 20 年最有价值的书院相关研究成果之一;《中国书院辞典》是我国第一部书院学工具书,全书共收词 3683 条,其中书院 1565 条、人物 1083 条、文献 598 条、制度及其他 437 条,是当时书院研究的重要成果,所附书院名录,收书院 7300 余所;《中国书院制度研究》从书院制度入手,运用大量史料,从书院的类型、等级、藏书、管理、经费来源及使用、考试等方面,对中国书院的制度进行了深度的研究。2003 年以吴超、张之佐在《船山学刊》发表《2003 年书院研究综述》为标志,书院研究开始系统化、条理化,书院学的初现轮廓。

表 1-3 1980—2005 年书院研究论文分年统计表

年	论文	期刊论文	硕士论文	博士论文
1980	9	9		
1981	8	8		
1982	20	20		
1983	22	22		
1984	37	37		
1985	60	60		
1986	89	89		
1987	62	62		
1988	95	95		
1989	48	48		
1990	21	21		

（续表）

年	论文	期刊论文	硕士论文	博士论文
1991	31	31		
1992	19	19		
1993	39	39		
1994	31	31		
1995	46	46		
1996	55	55		
1997	79	79		
1998	78	78		
1999	50	50		
2000	82	82		
2001	85	85		
2002	106	106		
2003	146	139	7	
2004	141	135	5	1
2005	117	103	14	
总计	1576	1549	26	1

2006年，湖南大学岳麓书院的邓洪波、周月娥发表《八十三年来的中国书院研究》，引起学术界注意，人大复印资料《教育学》第9期全文转载，《中国社会科学文摘》第5期摘登近五千字。书院研究持续得到历史、哲学、教育、文化、建筑艺术，甚至经济等各界的关注。此后，以湖南大学岳麓书院的邓洪波为主的学者开始提供书院研究的年度报告，对当年的书院研究成果进行统计和综述。

表1-4 书院研究统计表

年	论文数	期刊论文	硕士论文	博士论文
2006	252	235	15	2
2007	220	203	16	1
2008	233	203	28	2
2009	297	240	15	1
2010	292	240	16	
2011	254	240	8	1
2012	405	318	26	2
2013	419	344	24	1
2014	222	191	22	4
2015	392	263	38	1
2016	476	401	51	4
2017	525	432	32	3
2018	509	434	29	
合计	7784	6978	372	24

本表统计说明：

1.本表中数据参考2006年起至2018年的书院研究综述；

2.无2014年书院研究综述,故在中国知网,以"书院"为主题词,查询2014年发表的科研成果进行统计。

2006年之后,学界对书院的研究持续深入,从古代书院教育、书院与学术思想、书院与社会环境和地方文化、书院区域分布、书院的起源、书院功能与规制、书院的经济来源及经济管理制度、书院的建筑等各个方面进行了多学科、多角度的研究。有很多学者从书院的转型改制、古代书院对现代教育制度的借鉴意义、书院对当代社会的启示和古代书院的当代旅游开发等方向进行了深入的挖掘和拓展。这个时期,从时间上,研究范围不仅涵盖了唐、五代、宋、元、明、清各个时期,还涉及辽、金等少数民族政权所建立的书院;从空间上,不仅包括中国各个省份的书院,而且从书院的区域分布上进行了研究;从学科上,涉及历史学、文学、教育学、经济学、建筑学、管理学等诸多学科,其中不乏跨学科的研究成果;从研究深度上,不仅有博士论文24篇,还有"明清时期士大夫和书院互动关系研究""中国书院文献整理与研究"等国家社科基金项目,可谓硕果累累。

二、山西书院研究现状

从知网上查阅,涉及山西书院的论文最早的是郝树侯发表在1981年第2期《山西大学学报(哲学社会科学版)》的《源远流长的山西大学——略述明清的晋阳书院》。自此以后,一直到20世纪末,学术界对于山西书院的研究才逐步增多。与对全国书院和其他区域书院的研究相比,对于山西书院的研究起步较晚。这里有两层意思:一是山西的学术界对于书院的研究较少,与其他省份对本省书院的研究相比,起步晚,发展慢,研究者数量不足;二是学术界以"山西地域内的书院"为研究对象的成果不足。

我们从如下几个方面进行统计分析:

1.成果类型

截至目前,关于山西书院的专题性、区域性的专著有3部,硕士论文有10篇,发表在报刊上的学术文章有59篇。以山西书院为研究对象的学术专著分别是:《山西书院史话》,山西古籍出版社,1999年出版,作者王志超;《山西书院》,三晋出版社,2009年出版,作者王欣欣;《河东地区书院碑刻辑考》,山西人民出版社,2014年出版,作者李文、李爽。可见,以山西地域的书院为研究对象的专著类研究较为匮乏。10篇硕士论文,视角多元,但仍然有较多基本问题未解决。尚无以山西地域的书院为研究对象的博士论文。

2.成果年限

自1981年起,研究山西地域书院的成果数量如下表(不含专著)。

表1-5 1981—2019年山西地域书院相关科研成果统计表

年限	1981	1982	1983	1984	1985	1986	1987	1988	1989	1990	小计
数量	1										1
年限	1991	1992	1993	1994	1995	1996	1997	1998	1999	2000	小计
数量			1	1	1	1				1	5
年限	2001	2002	2003	2004	2005	2006	2007	2008	2009	2010	小计
数量						2	6	2	1	3	14
年限	2011	2012	2013	2014	2015	2016	2017	2018	2019		小计
数量	6	2	4	6	2	13	11	3	2		49

表1-6 1981—2019年山西地域书院相关科研成果统计

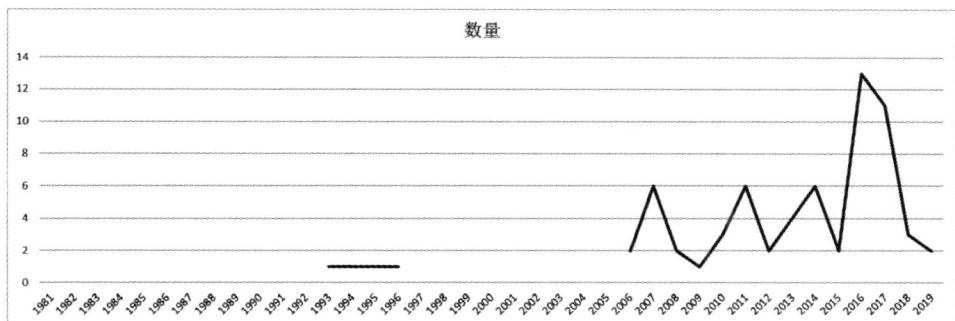

从统计表可以看出:一是山西书院自21世纪开始成为学界研究的对象,并持续得到重视;二是成果数量波动大,在个别年份出现骤增的情况,这说明山西书院的研究还没有进入一个稳定的状态,除了和山西书院的资源有关之外,研究人员的兴趣、研究的价值也是重要的因素。

3.研究机构、研究人员和发表刊物

从硕士论文来看,按作者毕业院校区分,10篇中山西大学5篇,陕西师范大学2篇,山西师范大学、太原理工大学、西北师范大学各1篇。也就是说,有关山西书院的硕士论文中,作者毕业于山西各大学的占70%,作者毕业于陕西高校的占30%。其他研究山西书院的作者大多工作于山西档案馆、博物馆、图书馆或山西史志单位。整体来看,这类作者的研究成果,对于山西书院的研究与把握较为出色、扎实,尤其史料新颖、丰富,解读深刻、到位,为之后的研究提供了便利。

相关研究人员有50人。除去董剑云发表18篇,冯淑瑞、刘景纯各发表2篇外,其他研究人员均为1篇成果。这说明学界对山西书院的研究热情仍不足。从研究人员的籍贯和所属单位来看,除去信息不详的5位作者,其余研究者都是山西人或在山西工作,而外界对于山西书院的关注还较为欠缺。

从发表的刊物来看,《文史月刊》曾发表关于山西书院的文章共23篇,占期刊论文总数的38.98%;《晋图学刊》发表8篇,占期刊论文总数的13.56%,此二刊合计发表论文达31篇,占据总发表量的一半以上。由此我们可以看出,山西省内有一些刊物对山西书院相关研究十分重视,比如《文史月刊》专门开设"三晋书院"的栏目,很大程度促进了对山西书院的研究。发表相关文章的有《山西大学学报(哲学社会科学版)》《太原理工大学学报》《晋阳学刊》等有影响力的高质量的学术刊物,在《山西师范大学学报(社会科学版)》《太原师范学院学报(社会科学版)》《太原学院学报(社会科学版)》《运城学院学报》《陕西学前师范学院院报》《河北师范大学学报(教育科学版)》等学报上发表的文章达17篇,占期刊发表总量的28.81%。不够理想之处在于期刊论文类成果中刊发于山西省主办的期刊较多,而全国性的期刊和其他省份的期刊较少,这反映出在全国范围内对山西书院的研究的影响力不够。

4.研究方向

分析这些文章可以看出山西书院研究的方向涉及书院个案研究、区域书院的起源研究、功能与规制研究、书院教育与地方文化研究、书院地理分布研究、书院建筑研究、书院与社会环境及地方文化研究、书院学田和经济研究、书院研究述评、书院藏书研究、书院改制研究等十多个方向。书院个案研究有28篇,区域书院的起源、功能和规制研究有10篇,书院教育与地方文化研究7篇,书院的地理分布研究有6篇,书院的建筑研究有6篇,书院学田和经济研究、书院研究述评、书院藏书研究、书院改制研究均为3篇。

纵观山西书院研究的成果,从研究视角来分析,当前从历史学、教育学和建筑学角度研究者较多,还有一部分从文化地理学视角研究。与其他地域书院研究相比,山西书院研究在书院的祭祀、书院文献、书院传统与当代教育、书院经费、社会文化史视野中的书院、断代、书院与学术思想、书院旅游开发与保护、书院精神与当代社会、书院的当代价值与启示方面缺乏研究,尚未展开。

三、山西书院研究成果回顾

在了解山西书院研究的整体概况基础上对其进行回顾和梳理,既是对现有研究成果的总结和归纳,也是汲取现有成果、了解当前不足的重要方式和途径,可为后期的研究提供重要的参考。按照当前的研究内容与主题,将从以下几个方面进行回顾和梳理:

(一)山西书院的建立与废止

山西书院最早的雏形是孔子弟子卜子夏在故乡西河(今山西河津市)讲学,开了山西历史上私人办学的先例。还有东汉介休人郭泰[1]在介休聚徒讲学,隋朝文中子王通在万荣通化镇白牛溪聚徒讲学等。春秋时的子夏、东汉时的郭泰和隋朝的王通均是当时名士,拥有较大的影响力,他们在山西境内开展的私人办学被认为虽无书院之名而有其实。当代研究认为,书院最重要的三个功能是教学、藏书和祭祀,如果按这个标准来衡量,子夏的西河讲学、郭泰的介休讲学、王通的河汾授学,并未提出书院的名称,其目的只是讲经传道,在教学上是完全符合书院标准的,但限于社会条件和环境,在藏书、祭祀以及规制和组织方面,这三个私人讲学并不符合学界提出的书院的标准。

山西境内最早的书院是唐代费君书院,其后便是辽代龙首书院。

---

[1]郭泰(128年—169年),字林宗,太原郡介休(今山西介休市)人,东汉末桓、灵二帝时士人与宦官斗争中士人的著名代表和太学生主要领袖之一。

书院是辽代翰林学士邢抱朴于公元994—996年间在应县所建,书院以应州境内最主要的山峰龙首山命名。以所在地命名是山西书院有别于全国其他地方书院的一个特点。该书院是少数民族政权所建。龙首书院现已无遗址。此后,在1065年,北宋司马光在今运城夏县建立温公书院,1066年程颢在晋城城北建古书院。其后北宋时期山西境内所建书院还有平定的冠山精舍(冠山书院的前身)、长治的雄山书院。北宋靖康年间,宋金交战,北宋兵败,徽钦二帝被俘后,北宋灭亡,山西归入金统治。金统治山西期间,文化上受宋影响,在今浑源县建翠屏书院,在今祁县建昭馀书院,在今绛县建涑阳书院。

　　山西书院的断代史研究有其特色。[①]书院的发展历史大致可划分为四个时期:宋(辽、金)、元的滥觞时期,明代的成长时期,清代的繁荣时期,近代的衰败时期。[②]王志超于2000年7月在《山西师范大学学报(社会科学版)》上发表的《山西书院文化的历史流变》首次对山西书院的初创、发展进行了较为系统的梳理,提出:"山西书院兴起于宋辽时期,在山西书院近千年的发展过程中,经历了宋辽金的发轫期、元代的第一次兴建热潮、明代的成熟期和清代的黄金发展期四个阶段,而每一阶段又都经历了一个曲折的兴衰过程。在明代书院发展史上曾经历过四次禁毁,清代由清初的低迷徘徊到康雍乾时期的大发展,使山

---

①山西书院的研究,应遵照山西的地域情况,按历史事实断代。按照山西省所属的政权(包括汉族政权和并存的少数民族政权),具体的断代如下:唐代(618年—907年)、五代十国(907年—979年)、北宋(960年—1127年)、辽(916年—1125年)、金(1115年—1234年)、南宋(1127—1276年)、元(1271年—1368年)、明(1368年—1644年)、清(1636年—1912年)、中华民国(1912年—1949年)。自1234年起,山西归入元统辖,至1368年。历史上断代,元朝历经97年,实际上,山西归入元管辖时间为1234年—1368年,历时134年。

在元代,山西由原来的边陲转为腹地,社会环境趋于稳定。与历史上的其他朝代相比,元代经济不发达,但文化较为繁荣。元代官方意识形态统治较其他朝代非常宽松,崇儒、崇道、崇佛,还崇萨满教,甚至还有西方宗教。元代统治者出于治理需要,重儒学,积极引导理学北渐,兴建或支持一些著名学者、官吏设置书院,书院的建设在地域上也由南方向北方推移。元代山西的书院由少到多,除修复了长治的雄山书院、平定的冠山书院等一批旧书院之外,还新建书院14所。有元一代,山西在文化上较其他地方更为繁荣。

②王欣欣:《山西书院》,三晋出版社,2009,第1页。

西书院发展走向鼎盛,后经嘉道咸的平稳发展和颓败……与科举制度一起寿终正寝,完成了它的历史使命。"

以华东师范大学古籍研究所终身教授朱杰人为代表,一些学者认为书院的起源和废止与中国科举制度的创立和废止有很大的关联。中国的科举制度从隋代创立,至唐代成熟,而书院之制也是发起于此间。"君子如欲化民成俗,其必由学乎!"而书院的废止是由于时代的发展,光绪二十七年(1901),清政府颁布《兴学诏书》,废书院而建新学堂。光绪三十一年(1905),废科举,旧式书院从此在中国的大地上绝迹。

(二)山西书院的地理分布

按照区域来看,山西各地区的书院分布如下:

晋北地区46所,其中大同市14所、朔州市6所、忻州市26所;

晋中地区(太原盆地)70所,其中太原市12所,晋中市35所,地处太原盆地的交城县、文水县、孝义市、汾阳市四个县(市)14所,阳泉市9所;

晋南地区(临汾盆地和运城盆地)118所,其中临汾市48所、运城市70所;

晋东南地区(上党盆地)43所,其中长治市22所、晋城市21所;

吕梁地区[现吕梁市,不含地处太原盆地的交城县、文水县、孝义市、汾阳市4个县(市)①]共10所。

可以看出,山西历史上的书院集中于晋南地区、晋中地区和晋东南地区,这三个地区的书院达231所,占总数的80.7%。临汾盆地和运城盆地是黄河流域华夏文明的发祥地,从远古时代的丁村文化、陶寺遗址,尧舜禹时代的都城,到春秋战国时的春秋霸主晋国(都城曾在侯

---

① 交城县、文水县、孝义市、汾阳市地处吕梁山西麓、太原盆地边缘,目前行政区划属吕梁市,历史上属太原郡、太原路、并州府管辖更多,其人文特色、生活习惯更接近太原市,在分析山西历史上书院的地理分布时按其历史上的属地沿革更有利于凸显原来的实际。

马),历史上的晋南地区经济富庶、交通便利,文化教育一直比较发达,历代书院达118所之多;晋中地区地处汾河中游,太原别名龙城,晋中地区历代书院共有70所,仅次于晋南地区;晋东南地区也有较为厚重的历史文化,相对富足的经济和深厚的历史文化背景促进了当地教育、文化的发展,历代书院有43所。可见,社会经济的发展水平是影响书院发展的重要因素。晋北地处农业文明和游牧文明交融的地域,在宋辽金时代也是中原政权和少数民族政权争战的前沿,频繁的战乱严重影响了当地社会经济发展和文化建设。晋北地区历代书院仅有46所;偏僻的吕梁山区,相对于盆地和平川地区,农业、交通比较落后,教育文化也必然落后,书院创建的时间滞后,并且数量较少,吕梁地区历代书院仅10所,其数量和密度远远低于山西省其他地区。

有学者提出山西境内地形、气候与河流的复杂和多样是山西古代书院分布独特景观形成的重要原因。寒冷、干旱、风沙大的高原山地的自然环境限制了书院的修建与发展,而气候适宜的盆地、平川地区则有利于书院的修建。山西河流纵贯南北,是古代山西重要的人员、物资交流通道,也是山西文化交流与传播的有效通道,对山西书院文化的发展有极大的促进作用,故书院多沿桑干河、滹沱河、汾河、沁河、浊漳河等分布。实际上,区域的经济发展水平、交通状况、人口密度和教育文化是影响书院发展最重要的因素,而山川、河流等自然因素则影响上述各项因素,也间接地影响了书院的建设和发展。

(三)山西书院的个案研究

一般与个别的辩证原理对于人们的认识活动具有重要指导意义。人们对客观事物的认识总是从个别开始,逐步扩大到一般,从大量个别事物的特殊本质中总结概括出事物的一般本质,即从个别上升为一般,然后又以一般为指导,继续认识尚未研究过的个别,即从一般又到个别。如此循环往复,使认识不断深化。辩证逻辑根据思维形式中个别与一般的辩证法,揭示了归纳与演绎相结合的辩证思维的方法,为人们的认识提供了科学的逻辑工具。对书院个案的研究是对整体研究的基础,对书院的整体认识也必然是从书院的个案研究开始,即通过对一些具有代表性的书院进行个案研究,归纳出书院的整体面貌和特点。

迄今有28篇文章研究山西的具体书院,涉及23个书院。这些研究以具体的书院为研究对象,介绍这些书院的起源、教育与社会环境、对社会文化的影响、学术思想、藏书及刻书、经费、断代、旅游开发与保护等。除了对个别书院的介绍之外,还有不少研究人员通过个案研究归纳书院整体的面貌和特点,这一方面尤以对冠山书院、河东书院、令德书院的研究较为丰富。冠山书院是山西最早的书院之一,历经北宋、金、元、明、清,至今较为完整,是目前山西最具代表性的书院。学者对冠山书院的研究涉及冠山书院的起源与历史沿革、教育思想、对社会环境和当地文化发展的影响、藏书与刻书、学田和经济制度、当代价值及启示等多个方面。

随着历史的发展,山西的书院,经过清末的改制改为新学堂。很多书院已经消失,只存在于历史典籍和研究资料中,比如山西建立较早的书院应县龙首书院;有很多书院原址虽在,却已经不是原来的书院,比如长治的莲池书院;有很多书院是经过后期修复的书院,甚至是易地而建的书院,比如晋城的程颢书院是在原址上重建的,晋中的凤鸣书院则是易地而建。书院的个案研究不可能面面俱到,但对于一些有代表性、在历史上影响较大的书院还是需要深入挖掘、进一步研究,充分展示山西书院的全貌。

四、山西书院研究的不足与展望

任何学术研究都应当有其研究的出发点、目的、方法,山西书院的研究也应当遵从这一原则,并在这个基础上有所突破。山西书院研究的不足和欠缺是首先应当明确并在研究过程中力求有所突破的,这是本书研究的初衷,也是在围绕书稿进行的调研、写作过程中,本书创作者一直注重和努力的方向。

（一）山西书院研究的不足

纵观当前的山西书院研究,诚然取得了很多的研究成果和成绩,但总体来说还存在以下不足。

1.重书院,轻思想。书院重要,是因为书院中人的思想。若将书院研究分为思想研究、物质研究和制度方面的研究,那么当前山西书院的制度是最受学界关注的,例如教学、经费管理、书院的学规章程等。其次是对书院的物质方面的研究,如书院的建筑、选址等。然而,对于山西书院所蕴含的精神,其实还可以进一步研究。因为书院的精神正是其魅力与文化底蕴之精华,若能进行系统深入的挖掘,必定对现代教育有所启示。比如卜子夏的西河讲学,从史料角度和历史学的角度出发,出于尊重史实的原则,当然西河这个地方是很重要的,而从思想发展史来看,更重要的是其讲学的事实以及所讲述的思想;对于冠山书院,之前的研究更多是出于对书院的历史、地理、建筑以及相关的历史人物的研究,而对于书院中的学术思想、学术影响、思想脉络等则研究不足。

所以,在本书写作开始我们就把对山西书院思想的研究和梳理放在重要的位置,并作为主要研究方向。或者说,我们是以山西书院为载体,有选择地重点研究几个书院,力争提炼出其思想,并进一步探讨其思想在历史和现实中的价值。

2.成果单一,综合性差。如前所述,有关山西书院的研究成果诚然不少,但从目前的研究成果来看,存在成果单一、综合性研究成果不足的特点。需要从历史发展脉络、地域分布、制度和经济状况、思想和社会影响方面综合研究。避免重复研究,时间上避免明清集中,而其他朝代很少;地域上,避免只关注少数著名书院及区域,重复研究,内容相似,角度缺乏新意。研究书院,不只应当将其放在历史这个纵向坐标中进行研究,还应把其放在全国这个空间内,在横向的坐标中进行研究,这样才可能全面地理解。

在本书写作之初,就力求克服这个不足,在对各个书院的研究中,进行了如下的设计:第一,对书院的地理位置进行介绍,并到实地进行拍摄,让书院的面貌和形象更加直观;第二,对书院的历史沿革进行梳理,对书院的碑文、匾额、楹联以及史志记载等进行梳理,从时间轴这个纵向的维度对书院进行研究;第三,对书院的历史人物进行介绍,对其历史地位、学术成就、思想和社会贡献进行研究和梳理,在此基础上进一步发掘其对于当代社会的意义和价值;第四,在统一研究的基础上,力求归纳出各个书院的特点;第五,介绍书院的现状。

3.缺乏跨学科研究,大多是从历史、教育角度出发。应当从教育学、历史学领域中突破出来,结合经济和经济史、建筑学、地理学的视角,从社会学、政治学、哲学等角度入手进行深入挖掘,使得书院研究呈现出全方位的特点。避免研究停留在介绍性的梳理和史实叙述层面,没有深入的分析。研究应不止于史料和理论,更应该由历史反观现实。

(二)研究方向与展望

针对山西书院的研究现状及特点,提出以下几点展望:

1.加强对书院思想的研究。不只是在物质上、沿革上、制度上研究,而应重视书院本身的思想、对社会发展的影响。

2.加强基础史料的考证,强化实地考察。目前的成果,引用、相互引用很多,而不是追根溯源,最基本的史料考证和一手材料比较缺乏。比如,回顾当前的成果,不难发现,不少没有规范的参考文献,对于一手材料的考证和引用比较缺乏,缺乏实地考察资料;不少成果中虽然运用了新的史料,但是十分零散,甚至有些论文中没有规范的参考文献;目前缺乏史料汇编类的成果,缺乏专题史料的收集和编辑,如书院的章程、碑刻、历史图片、当前状况等的汇编。

3.研究视野应更加宽广,研究角度应更加综合。如前所述,目前山西书院研究方向较为单一。不能只在时间、空间、制度、经济等方面单独研究,而应有一种综合的、宏观的视野。对于书院的认识,需要全面、完整,克服只从一个角度去研究的限制,要从多个角度、多个方面、多个层次、多个学科去认识,使得研究更加立体、更加丰富。

4.不仅要从理论上完善山西书院的研究,更应该着眼于发掘其对经济社会建设的价值,逐步扩大山西书院研究的影响力。研究现状显示,山西书院研究未能引起全国学术界的广泛关注,因此需要加强山西书院与全国书院以及教育发展史的关联性研究,把山西书院放到全国书院发展的大背景下考察,寻求山西书院与全国书院的共性,同时凸显其个性。需要从个别到一般,再从一般到个别,只有这样,才能全面认识。

五、本书的研究思路

基于以上对于山西书院研究状况的认识,形成了本书的研究思路。

本书的研究对象是山西古代书院,总体思路是过程论的,由设教起源到近代学校——大学堂,纵向研究书院源流,横向从地理环境、建筑风格、文化遗存、人物思想等方面展开。

第一章"河津三贤与书院起源"中,河津三贤及其设教的史实,充分说明了儒学传统作为中国文化的主流得以持续传承发展。官学大约伴随科举兴起自隋唐,但是之前的文化教育与传承也并非空白,如大户人家的私塾、宗族村舍的乡学,中国传统文化一直以自己的方式在民间传播与承递。精英知识分子设教是书院的源头。严格来说,河津三贤设教的具体形式并不完全符合我们当下对中国古代书院的定义,但其完全具备书院在教化育人方面所应有的功能。

第二、三、四章选取了还有一定建筑遗存并有当代影响力的三个书院,分别是平定冠山书院、平遥超山书院、忻州秀容书院,进行了地理环境、历史沿革、人物及思想、当代文化价值等层面的研究。平定州城及冠山上的书院演变史较为典型地体现了中国书院的兴衰演变史。平定冠山的书院起于北宋,勃于金,兴于明清,亦在清中叶后进入教化功能衰落的阶段。书院历代都有建筑和文化遗存,从古楹联、石刻、碑记和建筑中,可以发现平定冠山书院地方特色鲜明的特征及其当代价值。平遥是一个有着唐尧遗风的古城,很早就有庙学,但书院在平遥出现却晚至明代嘉靖初年。平遥书院在其四百多年的历史中,由于政治、经济、文化等方面的原因,起起落落,时兴时衰。直到以"超山"冠名书院之后,平遥书院伴随平遥商贸业的强劲崛起,得到平遥商绅的大力支持,很快进入黄金期,创造了独特的官学商营模式,在平遥书院历史上书写了辉煌的篇章,也为人们认识平遥商帮的兴衰提供了一个绝好的视角。秀容书院作为清代书院,在山西一众历史久远的古书院中是距离我们最近的书院,有丰富的历史遗存可考,故其文史价值突出。鉴于清朝是中国封建时代的最后一个王朝,清代秀容书院代表了古代书院的最后一个阶段,回溯其历史,考据书院的创办缘由、地理位置及其文化风貌,回顾历代地方官员对它的修缮,并据此分析其思想文化的取向与特点有重要价值。

第五章"晋阳书院与山西大学堂"研究太原晋阳书院的历史沿革,通过古代书院转向近代学堂的典型路径,对山西地方书院走向近现代教育的流变进行研究。太原地方书院在不同年代呈现出不同的形态,其社会功能和思想文化经历了值得关注的演变,最终晋阳书院到山西大学堂的历史演化代表山西书院随着中国教育"西化""近代化"发生的华丽嬗变。山西书院完成了其历史使命,山西大学堂则为山西近代教育翻开了崭新和漂亮的篇章。由春秋战国时期的"设教"到晚清科举废止后的"大学堂",山西书院的源流呈现出来,书院文化的历史意义与时代价值也得以展现。

第一章 河津三贤与书院起源

儒学作为中国文化的主流得以传承和发展与民间教育的绵延不绝是分不开的。官学大约伴随科举兴起自隋唐，但是之前的文化教育与传承也并非空白，如大户人家的私塾、宗族村舍的乡学，中国传统文化一直以自己的方式在民间传播与承递。书院最早出现于唐，兴盛于宋，后来更多与官学融合，由元、明一直延续至清末近代学堂兴起。在书院出现以前，有影响的民间教育通常被后世称为"设教"，这种教育形式融合了发挥主导作用的大家正儒，以及由此形成的学术共同体及传承体系，成为书院兴起的形式准备。

一、三贤设教、文清书院与实儒①传统

晋南是上古时期尧、舜、禹活动的中心地带，是"中国"一词的产生地。河津地处晋南西部，上古时期许多历史事件发生在这里，是黄河文明的发源地之一，是"古中国"的重要组成部分。河津民间教育传统可谓源远流长。发生在战国初期的卜子夏西河设教，是河津的重要历史事件，成为中国思想史、文化史、教育史上浓墨重彩的一笔，开启了儒学大家河津设教的历史。到了明万历时，山西的河汾书院祀奉三贤——王通、司马光、薛瑄。其中司马光之学说被称为"朔学"，因为他主要关注史学和修史，并没有设教经历，尽管也在河津一带，但此处并

---

① 实儒：儒学发端自孔子，至孟子、荀子"德"与"法"各自有所发挥，甚至孔子诸弟子都各有偏重，但是儒学经世致用的内核始终在中华文化中得到传承。这里提出"实儒"并非要创造一个哲学概念，而是强调晋地儒学对孔儒实践性和实用性的传承发扬，特别是薛瑄时期形成的实学所反映的晋地儒学的独特性。薛瑄时期能够产生实学这样的儒学流派并在思想上形成相当大的影响力，必定与当地思想特色有关。从书中论述可见，晋地上下数千年的教育发展历史进程中，从子夏到近代大学的形成，从教育目的到教学方法，无不体现出鲜明的实用和实践特性，一定程度上成为晋地人精神气质的重要渊源。

未列入。三贤设教包括子夏西河设教、王通河汾设教、薛瑄故里设教，薛瑄设教之处更在其逝后被弟子改造为文清书院，实现了设教到书院的完美转化。设教之类与官学形式不同、内容不同、目的不同的民间教育始终在河津绵延不绝，不仅为地方儒学发展提供了土壤，而且为山西书院教育的形成与发展提供了重要的文化支撑。

（一）西河设教与子夏之儒

子夏是著名的孔门十哲之一。作为孔门四科"德行、言语、政事、文学"中"文学"科的杰出代表，子夏在儒学传承中的地位不言而喻。子夏西河设教是他对孔子儒学"知行合一"原则的实践。《史记·儒林列传》记叙了这段历史："自孔子卒后，七十子之徒散游诸侯，大者为师傅卿相，小者友教士大夫，或隐而不见。故子路居卫，子张居陈，澹台子羽居楚，子夏居西河，子贡终于齐。如田子方、段干木、吴起、禽滑釐之属，皆受业于子夏之伦，为王者师。"[1]子夏在孔子卒后便回到居住地西河设教，直至终老，达几十年之久，像他的老师孔子一样做了一辈子老师，弟子有当时西河所在的魏国国君魏文侯、魏国相李悝以及田子方、

河津市阳村乡东辛封村子夏祠

---

[1]《史记》，中华书局，2014，第1445页。

段干木、吴起、禽滑釐等一众名流，孔学通过子夏得到很好的传承、发展与践行，子夏之儒也成为山西地方实儒传统的源头，西河设教更成为山西民间办学教化民众之发端。

　　修身成仁并没有通常认为的那么高深莫测，反而就体现在人们日常的点滴言行中。一个学者只要眼界开阔，矢志向学，从自身工作和生活实际出发不断提问、批判和思考，就是在不断修仁。可见，在子夏看来，"仁"一点都不抽象，就体现在人们的具体生活中。"百工居肆以成其事，君子学以致其道。"人人皆可成圣贤，修行之道便是从实际出发使各自社会身份臻于完善。从事各行各业的劳动者在各自的劳动中做好他们该做的工作，知识分子通过学习来获得通达，这样各司其职、各安其事的状态就是遵循大道的表现，每个人都把符合自己社会身份的事做好，便是得仁成圣，百姓日常生活得到重视，社会就会安定发展。子夏还提出了具体的践行之道，"贤贤易色；事父母，能竭其力；事君，能致其身；与朋友交，言而有信。虽曰未学，吾必谓之学矣"。认为在日常生活中处理好基本的伦理关系，比如夫妇之间重德行不重外貌和物质条件，能够尽其所能地侍奉双亲，能够全心全意地为国奉献，对朋友不虚妄，守信用，这样的人即使没有什么文化知识，也可以说是学到圣贤之道了。"仁""圣""道"这些概念在子夏那里不再神秘、抽象，而成为每个人都可以尝试践行的。这为儒学在民间的传播与发展开辟了通达之路。

　　脚踏实地地去学习。子夏在研习经典方面表现优异，是文学科二贤之一，在文学研习方面也体现了他的实儒气质。比如对《诗经》的研究，也是兴于诗而指向礼，从文学作品这样一个"虚"的艺术形式落在了道德规范这样一个"实"的社会存在。《礼记·檀弓上》记载，曾子曾问罪于子夏："退而老于西河之上，使西河之民，疑女于夫子，尔罪一也。"曾子认为子夏不应该在西河设教讲学期间，不时时讲明师承，以至于人们误以为子夏所授是子夏本人的思想。然而从子夏设教的行为来看，子夏认为，自己师承孔子，弘扬孔学在情理之中，何必时刻将这样的传承挂在嘴边,言必及先师。或许这正是子夏重视学问本身与教育实效的体现,他无意识地破除了权威主义,隐含人人皆可为圣贤的价值导向。

在具体的学问之道上,子夏主张从洒扫、应对、进退等日常行为做起,"日知其所亡(无),月无忘其所能,可谓好学也已矣"。日积月累,积跬步以致千里,如同草木生长一样,有了平时的阳光雨露,便会自然向上。子夏进而主张:"虽小道,必有可观者焉;致远恐泥,是以君子不为也。"可见,子夏认为学习要看重日常点滴所得,哪怕是一些不为人重视的毫末技艺。而不是整天把宏大的学习规划摆出来,没有行动。这就不是好学的君子所为了。同时,知行合一才是为学之道。孔子弟子中有勤学苦修的,如颜回和曾子,有只是"好勇过我,无所取材"的子路,也有被孔子称为"瑚琏之器"的子贡,可以说是学行结合最好的弟子。这也是子夏后来倡导的学习之道:知行合一、学以致用。

执政者的经世思路。子夏说过"仕而优则学,学而优则仕",一方面反映了他的实儒观念,即学以致用,入仕为官,为民生计,为国家计,不做脱离现实的书斋学问;另一方面从执政者的角度看,表示为官的人要不断学习,并把所习得的书本知识运用在政治实践中。正因如此,他的弟子中有一些在任的官员,如李悝和吴起。对他们的继续教化就是为了他们更好地把儒家理念体现在执政实践中。子夏还认为执政者要"见小利",孔子为此告诫子夏,一定要把见小利和办大事协调起来,切莫顾此而失彼。事实上,子夏的见小利正是为了办大事。"小利"之说符合儒学对于商业等的说法,子夏同样认为经济利益在价值认定上属于"小",道德教化才是社会大事,但是为了办大事,更好地推行道德教化,必须把发展经济这个"小"而基础的事情办好,在"仓廪实而知礼节"的基础上才能使执政者与老百姓之间建立起信任的桥梁,政令就可以很好推行,道德教化才好落实。

子夏实儒的传承。子夏的思想特色是注重实践,提倡实用。通过各级各类弟子的学习传播,实儒在三晋得到传承,成为晋儒的特色。梁启超先生曾这样评价子夏儒学的传承:"当孔子在世时,其学未见重于时君也,及魏文侯受经子夏,继以段干木、田子方,于是儒教始大于西河。文侯初置博士官,实为以国力推行孔学之始。儒教第一功臣,舍斯人无属矣。"①魏文侯以国君身份对子夏学说予以尊崇,使孔子儒学第一次由国家层面推动施行,并且逐渐确立了以子夏实儒为核心的国家意识形态。当时实儒重视发展经济、加强法治、以实绩选用贤才的方针使魏国得到长足发展。李悝作为子夏弟子,以国相身份推动国家法制建设,开启了三晋法家轻罪重罚的法治传统,实践中被吴起、商鞅继承和发扬,理论上通过荀子、韩非子等体系化。"荀子以儒为主、儒法并重的思想特色,在子夏和李悝思想中表现得相当明显。这样一来,从思想继承和发展的角度来看,荀子思想的来源就非子夏思想和李悝思想莫属了。"②这是子夏儒学在国家治理中重视实际效果的逻辑必然。三晋的法家治国传统,重视经济发展,努力推动作为民生之本的农业发展;政治中,从民众对国家实际贡献出发,军事上奖励有战功的战士,行政方面奖赏政绩显著的官员,延续了子夏儒学经世致用、以民生为根本、强化社会治理的实儒传统。

(二)河汾设教与王通之儒

初唐编修《隋书》并未提及隋代山西河津王通,以致世人质疑王通是否存在。不必怀疑,原因有二,一是王通思想与初唐气象毫不契合,影响甚微,故未记述;二是王通弟王凝得罪当时《隋书》的总监修长孙无忌,可能因此未作记。司马光在《资治通鉴》中详细记载了王通的事迹,还专门写了《文中子补传》。不能因为司马光与王通地域相近,便认定补传是出于乡谊,为虚构。与王通时代接近的史书修补正说明此人的存在与学术影响,近代以来一些学者对王通的虚无主义历史认识并不可取。

①梁启超:《论中国学术思想变迁之大势》,上海古籍出版社,2001,第62页。
②高专诚:《荀子传》,北岳文艺出版社,2017,第27页。

万荣通化镇(原属河津)王通庙

　　历史上的大儒都有说服国君,从顶层推行和落实儒学主张的宏图大志。王通也曾有这样的尝试。据说,在隋文帝时期,王通曾经西赴长安,向隋文帝上奏《太平十二策》,倡导尊崇王道、省查现政、恢复周制,但是没有受到重用,治国方略更无法实施。于是,王通放弃为官,回到故乡,以著书讲学为业。因为王通设教讲学的地方在汾水之南,当时属于河津,于是称为河汾设教。山西沁县有文中子祠,祠内曾存有唐代名士皮日休为王通撰写的碑文《文中子碑记》,盛赞王通做老师的情形可比肩孔孟,弟子取得的成就也胜于先贤门下,对儒学的研习弘扬更是孟子之后最有资格言说的一位。于是铭记为"大道不明,天地沦精。俟圣畅教,乃出先生。百氏黜迹,六艺腾英"。评价过于溢美,但是王通之儒与河汾设教对当时以及后世的影响可见一斑。

　　王通在儒学发展史上有一定的承上启下作用,针对魏晋南北朝以来礼乐式微、经玄盛行,倡导复兴儒家道统("道统"一词是后来朱熹正式提出),隋末乱世诸多豪杰英雄都曾拜会释惑于王通,未必正式拜师求学,但王通也可以算是这些时代弄潮儿的一言之师了。尽管如此,王通的学问与初唐放眼四海、各家荟萃、革故鼎新的气势几乎无甚相关,所以其思想在当时影响甚微。倒是唐中期政局稳定时,以及宋明儒学大兴时才受到后世儒家重视,被拿出来引证发挥或者批驳。宋人黄履翁认为:"中之为说,议论问答本乐天知命穷理尽性之书,盖孔孟氏之流派,而后来诸公之径溪也。"①宋代学者阮逸把文中子王通思想的特点总结为"上不荡于虚无,下不局于器用"。这样的评价道出了儒学发展兴盛阶段的宋儒对于王通呈上启下作用的认同。其思想特征导致宋明理学各派对王通的评价各执一端,程颐、朱熹等探寻"绝对精神"的流派认为王通"根脚浅",而陈亮等永康学派主张复兴孔学、强调事功,就比较推崇王通之学。

心物合一、人事为本的儒学主张。从评价中也可以看出,王通儒学延续了晋地儒学的实儒传统。经历了汉代儒学的僵化和意识形态化,王通主张恢复孔门正儒"人道自在"的认识,以克服董仲舒"天人感应论"导致的儒学神化,进而主张以"修人事"为根本,之后才可获得天地大道,表现出对人的实存状态的重视。

《中说·问〈易〉篇》中讲述了这样一则故事,魏徵曰:"圣人有忧乎?"子曰:"天下皆忧,吾独得不忧乎?"问疑,子曰:"天下皆疑,吾独得不疑乎?"徵退,子谓董常曰:"乐天知命,吾何忧?穷理尽性,吾何疑?"常曰:"非告徵也,子亦二言乎?"子曰:"徵所问者,迹也,吾告汝者,心也。心、迹之判久矣,吾独得不二言乎!"常曰:"心、迹固殊乎?"子曰:"自汝观之则殊也,而适造者不知其殊也,各云当而已矣。则夫二未违一也。"②翻译过来就是,魏徵问王通:"你有烦恼和疑惑吗?"王通答:"世人都有烦恼和疑惑,我当然也有了。"魏徵出去之后,王通对随侍身边的董常说:"乐天知命,我哪里有烦恼。穷理尽

---

① 林駉:《古今源流至论·别集》,上海古籍出版社,1992。
② 张沛:《中说校注》,中华书局,2013,第127—128页。

性,我又哪里有疑惑呢。"董常倒迷惑了:"怎么老师现在说的跟刚才说的完全相反了呢?"王通说:"魏徵询问的是事实,我跟你说的是本心。长期以来内心与外物就被二分,所以有两种说法。"董常继续追问道:"那么心物是分开的吗?"王通答道:"你看它们是分开的,得道者就看不出它们的分别,说起来都是合二为一的。"

可见,王通认为,心为本,是精神层面,迹为实,是现实层面。此二者不是截然对立的,也不是一个范畴,而是在得道知性人那里合二为一。程朱理学官学化后,主张的是理为本,格物穷理,强调理论理性,走上了寻求绝对精神的虚无化道路。阳明心学对此的反正是心即是理,心为本,心外无物,强调向内求与事上练。此二者都没有承继王通关于理念与现实关系认识中显然合理的部分。与"南阳明"对应的"北薛瑄"儒学中的实学成分最能体现这种合理性,延续了河津地区上溯到子夏经世致用的儒学文化和教育传统。总之,王通成为山西实儒传统的中继者。

为政以德,培养王臣的设教思路。他的教学实践也遵从心物合一的原则,以心为本、德为先,目的是入仕从政,为政以德。王通设教并非有教无类,而是以教化君子、培养王臣为目的,教育的实用性目的十分明确,但是在教育中是从培养人的德行入手,又体现了对孔儒以德为先传统的推崇。其教化的重点在于确立执政者的德行,从而推行王道。《中说·王道篇》中弟子薛收问老师至德要道,子曰:"至德,其道之本乎! 要道,其德之行乎?《礼》不云乎,至德为道本,《易》不云乎,显道神德行。"[1]修德是得道的根本,学习经典是为了提升人们的道德品质。可见,"道"在王通儒学里不是抽象的"不可道"之道,而是通过实实在在的道德实践能达到的,学习也不只是为了获得知识,而是为了在政治实践中提升德行,成为君子,施行王道。初唐一些王臣求教于王通,领受了他的教育思路和儒学观念。房玄

---

① 《文中子中说》,凤凰出版社,2017,第9页。

龄问事君之道,曰:"无私。"问使人之道,曰:"无偏。"问化人之道,曰:"正其心。"①魏徵、杜淹、董常至,子曰:"各言志乎?"徵曰:"愿事明王,进思尽忠,退思补过。"淹曰:"愿执明王之法,使天下无冤人。"常曰:"愿圣人之道行于时,常也无事于出处。"子曰:"大哉,吾与常也。"②可以看出,王通认为德行修养要从日常行为出发,继而超越日常行为,修心成圣,以德化人,以德服人,这样才是王道。王通之儒提供了由心出发走向现实政治的方向,那就是心为本,心物合一。《中说·周公篇》记载的文中子与贾琼的对话也反映了这样的理念,子曰:"言而信,未若不言而信;行而谨,未若不行而谨。"贾琼曰:"如何?"子曰:"推之以诚,则不言而信;镇之以静,则不行而谨,惟有道者能之。"③有了好的德行,人民自然会信服,即使什么都不做也安然有序。换言之,得民心者得天下,如此实用的执政思路已经被后来跌宕起伏的历史证实了。

河汾设教为的是培养儒家济世之才。王通在教学上把学和用结合起来,鼓励弟子积极参与政治。弟子贾琼将要辅佐楚公,临别,王通赠言,贾琼听后表示要"终身诵之",王通答曰:"终身行之可也。"④繁师玄问习古之利,王通答曰:"执古以御今之有乎?"⑤他结合隋朝的衰败来进行教学:"古之从仕者养人,今之从仕者养己","古之为政者,先德而后刑……今之为政者,任刑而弃德"。⑥王通多次抨击当时朝政的衰败,就是为了激发弟子积极入世的信心。

(三)故里设教与薛瑄之儒

薛瑄开创的实学为后世所推崇,继承了三晋儒学注重实践的传

①《文中子中说》,凤凰出版社,2017,第21页。

②同上,第14页

③同上,第38页。

④同上,第52页。

⑤同上,第56页。

⑥同上,第22页。

统,他的学说被称为"笃实践履之学"①,黄宗羲称他为"实践之儒"②。
薛瑄祖父、父亲都是职业教育家。其祖父薛仲义是元末读书人,因战
乱没有出仕,在家教授乡里,闭门课子。其父薛贞于明初洪武十七年
(1384),应山西乡试中举。直到洪熙元年(1425)逝世为止,在多县担
任县儒学教谕。③薛瑄两次故里设教讲学,第一次56岁,后奉诏复出,
第二次67岁直到去世共8年。当时的设教情况有史载:"在里时,家居
数年,闭门不出,虽邻里罕见其面,而秦、楚、吴、越间来学者以百数。
先生拳拳诲以小学以及大学,由洒扫应对,至于精义入神,居敬以立其
本,明经以求其道,不事言语文字,而必责诸躬行之实。问科举之学,
则默然不对。终日正衣冠危坐,如对神明。洛阳阎禹锡徒步来游,及
别,先生送之里门。谓曰:'程门教子,以居敬穷理为要,女归勉之。'"④
这段记述不仅记录了薛瑄设教的情形,也概述了他的实儒本质:讲学
时弟子众多,且来自各处,影响四方;以学习为根本,又注重日常,以落

万荣里望乡平原村(原属河津)薛瑄家庙

①《薛瑄全集(下)》,山西人民出版社,1990,第1622页。
②黄宗羲:《明儒学案》,中华书局,1985,第2页。
③《薛瑄全集(上)》,山西人民出版社,1990,第912页。
④《薛瑄全集(下)》,山西人民出版社,1990,第1717页。

实要义为本,得居敬穷理之质。

以治道之本行教育之实。薛瑄批判了程朱理学的空谈不实,并且为了表示对当时书院教育以科举为重的不满,始终没有设立书院。但是他的教育思想承继了朱熹书院教学的基本原则,以《白鹿洞学规》中的所谓"五教之目""为学之序""修身之要""处世之要""接物之要"等一整套儒家学说作为自己的教育理论和实践的基本指引。在此基础上,他明确提出了"致知而力行,居敬而穷理,由经以求道"的教育宗旨。他坚持躬行因材施教的方针,在提督山东学政五年里,"诸生无少壮贤愚,皆感慕先生,称为'道学薛夫子'焉"①。

薛瑄把教育事业看作国家事务的重中之重,时常强调国家办学的重要性。比如他说:"庙学实国家崇建教道,人才所自出,关系甚大,一州之政,宜莫先焉。为郡而不此之急,其何以仰副国家崇重之意!"②又说:"事有似缓而实急、似迂而实切者,学校是已。……自常情视之,鲜不以为迂且缓,而若不切于事者。殊不知绛之人才盛衰,风俗美恶,胥由于此。则郡之事最急而甚切者,宜莫先于学焉。"③薛瑄回乡设教后给陕西写了《宁州重修庙学记》,更是把教育这件实实在在的事提升到治道之本的高度。"隆治道,必本于养贤才;养贤才,必本于崇圣道。故为师者,必当以道率人;为生徒者,必当以道治己。教以道立,才以道成。推之于用,斯道之泽,无往不被。庶几有补于治道,而上不负于国家建立庙学之意。"④在他看来,从概念层面看,重要性次序是学—道—性。"教本于道,道本于性"⑤,教育的根本目的是"复性",追寻仁义礼智信等人之为人的本性,并且为人老师的,要亲自践行,以身作则,为人学生的,要践道复性,严于律己,这样才是教

①《薛瑄全集(下)》,山西人民出版社,1990,第1710页。
②薛瑄:《蒲州重修庙学记》,《薛瑄全集(上)》,山西人民出版社,1990,第836页。
③同上,第810页。
④同上,第849页。
⑤《薛瑄全集(下)》,山西人民出版社,1990,第1018页。

学该有的样子、人才该有的样子。把这样的原则用在现实生活的方方面面,反过来又有利于修道成性,教育的目的就达成了。他尊重人的合理欲望,重视后天道德践行,强调教化作用。他两度在故里设教中都贯彻了这样的教育理念,体现了他知行合一的实学主张和思学结合、教学相长的教育原则。

第二次设教的 8 年间,薛瑄应邀撰写的一系列有关修庙学的碑、记之文也体现了薛瑄重"实"的教育理念。如天顺五年(1461)的《蒲州庙学重修碑》写道:"盖自夏商周以上之教法,皆所以复人性之善。"《陵川县重修庙学记》:"士子之游于斯者,必循序以进其学,以求知其性分之所固有,以尽职分之所当为。"这体现了其晚年成熟的教育思想:一是以所有建立圣贤功业者为师,既有被尊为"先师""师"的孔孟等,也有建立了文治武功的圣主贤王,甚至有自律践礼的颜回、曾子一类人,向实践学习,以践行为教,体现了教育理念上的重"实";二是阐明了复性的终极目标,即复人性之善,"至善"才是人之本性,即仁义礼智信不是束缚人的本性,而应当是人的本性之自在,有了这些"性",人才是真正意义上的人,才是拥有自由本质的人;三是揭示了教育的本质,即教人如何做人,知识的增多并不代表教育成功,在教育实践中使人臻于完善才是成功的教育,并且这种至善不是理论上的,而应当体现在做人做事的实践中。这种以做人为核心的教育本质论其实是中国传统文化的精华所在,在当下应试教育的体制中却有所缺失,应当引起重视。

以行为本的实学原则。儒学在历史上呈现出一种不断反正提升的轨迹,比如王通儒学对汉儒神学化以及魏晋儒学式微反正,努力回归孔儒,薛瑄实学则是对程朱理学人性天成观念的反正,同样更贴近孔儒,主张"性非特具于心者为是,凡耳目口鼻动静之理皆是也","千言万语只是实,思想万事万理不过一实"。[①]这样的反正更符合儒学经

①《薛瑄全集(下)》,山西人民出版社,1990,第1023页。

世致用的本质。薛瑄也正是因为从理论和实践上积极倡导和确立了求实理、务实际的"实用"思想和学风,才开创了被称为实学的新儒学流派,有了当时"南阳明,北薛瑄"的影响和声望。

薛瑄倡导"以行为本"的知行观。(1)体现在看待和学习所谓"圣贤之书"的方式中。对圣贤书也要有分辨,避免被权威主义控制。"读圣贤之书,字字句句。有的实用处,方为实学。若徒取以为口耳文词之资,非实学也。"①即使是有用的圣贤之书,也不能拘泥于书本,而要结合现实状况来理解其要义,来践行其道理。"凡圣贤之书所载者,皆道理之名也,至于天地万物所具者,皆道理之实也","实理皆在乎万事万物之间,圣贤之书不过模写其理耳。读书而不知实理之所在,徒滞于言辞之末,夫何益之有"。②(2)体现在深刻理解知行合一上。薛瑄认为:"圣贤之书所载,皆天地古今万事万物之理,能因书以知理,则理有实用。不然,书自书,理自理,何以有实用哉?"③能通过看书掌握生存发展的道理,书就与理融合了,同样,学到知识并且运用到实践中,知才能与行融合,即"知行虽是两事,然行是行其所知之理,亦一也"④,所以他倡导知识分子"为学最要务实,知一理则行一理,知一事则行一事,自然理与事相安,无虚泛不切之患"⑤,这样就可以避免形式化,而能做到知行合一了。

学思践悟的实在学风。薛瑄从根本上追求复性,复性的方法在他看来就是博学,学事物当然之则,学的方法就是读书、深思,在这个过程中要注重效果、效率,而读书的方法就是多读熟读,才能有收获,学有所得,必自读书入,读书千遍万遍时,一言一句之理自然与心融汇为一;多读还要深思,"读书记得一句,便寻一句之理,务要见得下落,方

①《薛瑄全集(下)》,山西人民出版社,1990,第1364页。
②同上,第1267页。
③同上,第1416页。
④同上,第1437页。
⑤同上,第1083页。

有益。先儒谓读书只怕寻思,近看得寻思二字最好"[1];思考还要有思路有方法,不可打疲劳战,因此薛瑄认为读书思索时间久了,头脑倦怠了,就要"敛襟正坐,澄定此心,少时,再从事于思索,则心清而义理自见"[2]。从学习的具体方法上,也可以看出薛瑄儒学的实在特质。学习是一个实实在在要从细节入手、要下功夫的事,而且要有方法,有效率,有效果,让心灵有所收获,真正明白些道理。薛瑄之儒学还充分体现了孔儒注重道德教化的正道,即"行有余力,则以学文",知识分子应当德才兼备,以德为先,具体的学习过程也是修身成人的过程,要在践行道德良善的前提下去掌握词句文章等知识。这呼应了他以儒学"复性"的追求,"学者读书穷理,须实见得,然后验于身心,体而行之,不然,无异于'买椟还珠'也",要明白可以实用的道理,并且在日常生活中身体力行,将知识的增进与品德的培养看作一体两面,将注重实践的教育理念和道德教化贯穿始终。

二、设教影响与山西书院起源

设教与书院并没有直观的"你方唱罢我登场"的此起彼伏,但却从形式上承载着民间教育的延续,从内容上串联起中国儒家文化的传承。河津有三次大儒设教,本质上成为后来山西书院教育与儒学传播的起源,而山西书院的兴起与繁盛某种意义上获益于河津设教的时空辐射,山西儒学的实学传统也从河津设教始,经由各个朝代的书院教育,传承至近代,在学术上形成山西的儒学特点,在实践中形成山西经世致用的文化传统。

(一)子夏设教与其影响

卜子夏在他生活的年代并没有开办所谓的书院,却以西河设教开河津地方民间教育之先河,成为后世山西书院教育的先声。子夏并不是河津人,他出生在晋国温邑(今河南省温县),大约14岁开始求学于

---

[1]《薛瑄全集(下)》,山西人民出版社,1990,第1253页。
[2]同上,第1146页。

孔门,跟随孔子周游列国。周敬王四十四年(前476),子夏受晋国魏地卿大夫魏驹(桓子)及其孙魏斯邀请,从温邑来到晋地,开始在龙门西河(今河津市一带)设教讲学,直到终老。可以说,西河是他的第二故乡和人生事业的主战场。在西河他娶妻生子,分别是长子卜芹和次子卜沣。到周威烈王六年(前420),87岁高龄的卜子夏在西河逝世并葬于此。

河津市阳村乡东辛封村子夏祠

卜子夏西河设教虽已过去近两千五百年,但在河津仍有遗迹存留。

子夏山。《水经注》称为三累山或子夏陵,当地俗称三重梁,北起龙门山下,南至今苍头村,呈西北至东南走向。

子夏庙、卜子夏祠、卜氏宗祠。子夏庙,据《水经注》记载,位于子夏石室旁,已没于河中,战国初年由子夏弟子所建。卜子夏祠,原位于子夏墓北,汉代由哭子镇卜氏族人所建,毁于元末明初,东辛封村西子夏祠是明代重建的。卜氏宗祠,又称卜家祠堂,位于清涧村卜家巷,汉代由哭子镇卜氏所建,多次重修重建,拆于20世纪50年代末。

子夏墓。位于古皮氏邑正北五里,东辛封村东一里。

哭子镇。子夏因子亡,哭而失明,所居地人称哭子镇,隋大业五年(609)后改称清涧村,今村中有卜家巷。

子夏后裔世代居住在清涧村、东辛封村,两村有卜氏300余人。

子夏祠堂中碑亭石刻："二千年教泽长流,莽莽神州,道统固应在东鲁;七十子门墙并列,彬彬文学,师承今当说西河。"一副对联,包含了对子夏凝练而全面的评价。

子夏故里——河津市阳村乡东辛封村

子夏承继了孔学正道,在孔子弟子中文学研究独树一帜。他发明的章句,不仅使"六经"通俗易懂,而且在传播中准确无误。中国的古典著作自从采用了章句之后,提高了文章的结构层次感。西河设教期间,卜子夏对于"六经"进行修订、润饰和完善,分别为各经写序。在整理"六经"时,他对于儒家文化一往情深,投入了很大心血。他是孔子的忠实弟子,是儒家学说奠基人之一,他把毕生的精力投入儒家文化传承,为儒家文化的发展做出了不可磨灭的贡献。

卜子夏长子卜芹聪慧好学,子夏视之为掌上明珠,20岁时却因病而亡。卜子夏老年丧子,悲痛万分,心灵遭受极大创伤,但并未动摇设教授徒之决心,而是以"老骥伏枥,志在千里"的高昂热情,智者遇事不乱的坚强意志,强忍悲痛,坚持自己的事业,在怅惘中化悲痛为动力,夜以继日地给学生讲学。他长期为卜芹殒英而恸哭,加上长年在油灯之下攻读经书,致使双目失明。但年过七旬双目失明的子夏也从未间断过讲学事业。

西河教风后世师表。卜子夏继承、创新、发展了孔子的教育思想和方法，他实行的教育原则是有教无类，不论出身，不论贫寒，不论地域，广招弟子。他的弟子各国都有，大部分是魏国人，尤其是西河一带平民子弟上学者最多。他时常给一些学优寒门子弟免学费。随着学校的发展，卜子夏名气越来越大，外地入学者逐年增加，使西河这块地方成为各国士子学习文化、学习儒家思想的中心，培养出大批人才，形成人才济济的西河学派，有的在政治军事领域一展抱负，有的在思想文化领域独辟蹊径，有的在经济领域大展拳脚，为当时社会发展做出了贡献。

"博学而笃志，切问而近思"，卜子夏春风化雨，厚积薄发，深入浅出地向学生传授儒家文化。魏文侯执政期间，多次问政于他，卜子夏以王者师身份，为治理国家建言献策，推心置腹，晓之以理，不隐恶，不饰非，是为是，非为非，实事求是向魏文侯讲王道，正礼乐，构思出一幅天下顺、民心齐、四时当的治国图景。

"仕而优则学，学而优则仕"，卜子夏在西河设教中，倡导学术自由，兼容并蓄；启发学生尊师重教，并且以身作则，言传身教；教育弟子学以致其道；运用"区别对待"的教学方法，启发学生循序渐进，并且联系实际引导学生学习各种有利于治国安邦的技艺和知识，形成了独特的"西河教风"。

弟子出类拔萃深刻影响历史走向。卜子夏除了做魏斯（魏文侯）的私人老师外，还在西河设学堂，传道授业，广招从学弟子三百余人，培养了一大批治世人才，改革家李悝，军事家吴起，政治家田子方、段干木，史学家公羊高、谷梁赤、禽滑釐等都是卜子夏的学生。魏文侯继承祖父魏桓子之业，为魏的大夫，后被封侯。他尊师重贤，善于用人，尊子夏、段干木、田子方为师，任用李悝、吴起、西门豹等贤臣良将，使魏国成为战国初期最强盛的国家；李悝任相，贤达善治，发展农业，严格治吏，奖励耕战，总结各国变法经验，编写《法经》，成为法家鼻祖，初步确立了封建法律的原则和体系,他的思想直接影响了秦国商鞅变法,而韩非子汲取李悝《法经》精髓,成为法家思想集大成者;吴起任西河郡守,在魏期间,百战百胜,为魏辟土四面、拓地千里,入楚任令尹,辅楚悼王变法。

历朝历代对卜子夏的钦仰与祭祀不断升级。汉武帝推崇子夏"大一统"观念。贞观年间,唐太宗下令全国把子夏的牌位放进孔庙,与孔子一同祭祀。唐玄宗封子夏为魏侯。宋真宗追封为河东公,宋度宗加封为魏国公。单就从受教人数上讲,子夏稍次于孔子。但从使王侯将相及民众接受并尊崇儒学上讲,子夏的成就应当高于其师孔子。

(二)王通设教与其影响

王通致力于教育是有家族背景的。其家世精儒学,自南朝宋、北魏至隋,共经六朝,皆曾出任国子博士。王通祖上本居于祁邑,因战乱于北魏孝文帝时举家迁居河汾。六世祖王玄精通儒学,曾任宋太仆与国子博士,学问高深,声名极著,江左子弟尊称为"王先生"。据《文中子世家》载:"铜川府君,讳隆,字伯高,文中子之父也。……府君出为昌乐令,迁猗川、铜川……四年,文中子始生。"父亲王隆,以学术见长,也曾为国子博士,隋朝初期,屡次迁职后,王隆受命担任铜川县令,不悲不喜,专注实事,力扶农桑,革新讼制,更突出的是兴修文庙,倡导教化,任职期间,政绩颇丰。儿子出世后,王隆亲自教导儿子,并收就近孩童与王通伴读,行儒学教化社会之实,提振了铜川的文气学风。其后,河东王氏一族人才辈出,扬名后世。王通、王绩、王凝、王福畤、王勃等都留下历史印迹。特别是王勃,以一首惊世骇俗的《滕王阁序》流芳千古。

王通不仅在父亲的指导下秉承家学,又经过名师指点。王通曾"受《书》于东海李育,学《诗》于会稽夏琠,问《礼》于河东关子明,正《乐》于北平霍汲,考《易》于族父仲华",加之聪颖勤勉,"不解衣者六岁,其精志如此",得以精习五经,名动一方,有不少人相从问学。传说他15岁时便开始从事教学活动。隋文帝仁寿三年(603)西游长

万荣王通庙内"三王在列"

安,王通觐见隋文帝,呈奏《太平十二策》,畅言王霸大略,以古证今,大有运天下于股掌之志。文帝听后异常高兴,认为王通乃上天赐予的辅政之才,但下公卿议时却被冷落。于是,王通不得不长叹而出长安。离开时,写了一首《东征》:"我思国家兮,远游京畿。忽逢帝王兮,降礼布衣。遂怀古人之心兮,将兴太平之基。时异事变兮,志乖愿违。吁嗟!道之不行兮,垂翅东归。皇之不断兮,劳身西飞。"诗里表明了他最初的志向和决心,也说明了他有志难酬的原因。他本想做一番事业,所以才西游长安,准备像古代儒生那样为天下立心,为苍生立命,可惜时势变迁,世道不古,寄全部希望于帝王一人的积弊再次打击了一位"学而优则仕"的儒生。"王道从何而兴乎?吾所以忧也。"《论语》云:"天下有道则见,无道则隐。"变通与实用的儒家原则促使王通弃仕从教,从事了大儒孔子和弟子们都曾经从事的职业。王通曾云:"吾不仕,故成业。不动,故无悔。"仁寿四年(604),文帝崩,杨广即位,是为隋炀帝。大业元年(605),王通在他的故乡绛州龙门一带办起了"太平龙门书院",设教于白牛溪,弟子自四方来,慕名求教,多达千余人,龙门书院名噪一时。因为他的故里位于黄河之滨、汾水之畔,因而人们称王通的兴学活动为"河汾设教",王通的学问为"河汾之学",称其弟子为"河汾门下",他讲学的那条溪也被称为"王孔子溪"。同时,王通开始了续"六经",借古讽今,以教育后人。九年后,续"六经"完成,王通名动天下,学习辅君为政之道的学子更是慕名而来。天下大乱,群雄并起,王通已卧病在床,只得慨叹道:"生民厌乱久矣,天其或者将启尧、舜之运,吾不与焉,命也。"大业十三年(617)五月,王通卧病身亡,尽管未能充分展现才华和发挥作用,但通过著述和教育对当时和后世的儒学发展产生了一定影响。①

王通设教的基本目标是传播"周孔之道"。他认为"周孔之道,顺之则吉,逆之则凶"。正如孔子、同乡大儒子夏毕生致力于恢复周礼、成就王道一样,王通从事教育活动的目的也是培养一批推崇和施行王道的济世之才。并且,他明确提出自己信奉的就是孔子之儒与孔儒之道,"天地生我不能鞠(养)我,父母鞠我不能成(教)我;成我者夫子之道也"。他还坚定地把传播教化当作自己的使命,因为"不言者谁明道",充分体现了在重视自身修行的同时重视教育的实用价值。"吾续《书》以存汉、晋之实,续《诗》以辨六代之俗,修《元经》以断南北之疑,赞《易》道以申先师之旨,正《礼》《乐》以旌后王之失,如斯而已矣。"他非常明确地说明是依据儒学发展的历史线索,主要结合两汉以后社会、习俗、学术、思想以及历代的统治得失等具体情况,对儒家传统思想进行阐发的。所论虽然在大的框架上不出孔子思想的范围,但在具体思想上确有不少新的见解,特别是注意到历史变迁给社会各方面带来的变化,读后可以开阔思路,从多角度深入地钻研问题。比如续《诗》,王通认为是阐明"化俗推移之理",其基本精神是与传统儒学的主旨一致的,他说:"吾欲续《诗》,考诸集记,不足征也,吾得《时变论》焉。"他在吸收前人《时变论》思想的基础上,看到晋以来的文学作品已不像《诗经》那么古朴淳美,已经变成王道不明、风俗不正的"俗品"。因此,他改变了《诗经》风、雅、颂的排列方法,而细分为化、政、颂、叹四大部分,借以体现美、勉、伤、恶、诚,突出诗的政治倾向和说教特点。其撰

---

① 《文中子中说》,凤凰出版社,2017,第100—103页。

著的目的在于"服先人之义,稽仲尼之心,天下之事,帝王之道,昭昭乎"①,在中国社会从动荡走向统一之时扯起振兴儒学的旗帜。

王通河汾设教的具体目标是通过确立儒士的道德观念引领社会伦理意识。人们的交往应当是真诚纯粹的,非此不可以长久,因为"以势交者,势倾则绝,以利交者,利穷则散",这是摒弃实用主义的现实教导;君子日常一定是勤勉节俭的,因为"不勤不俭,无以为人上也",这是摒弃物

"学宗洙泗源头远,道启河汾流派长"联

质主义的现实教导;不拘泥于话语和表达,而要通过内心来识人、交人和用人,正所谓"君子服人之心,不服人之言",这是摒弃形而上学的现实教导,凡此种种,体现了王通实儒本质上的精神高度与教育理念上的价值追求。

王通的教育方法包括循序渐进、因材因时、启发引导、言传身教。王通自己续"六经",直接教授的主要教材也是"六经"。其弟子姚义这样讲述老师的授课思路:"夫教之以《诗》,则出辞气斯远暴慢矣;约之以《礼》,则动容貌斯立威严矣。度其言,察其志,考其行,辩其德。志定则发之以《春秋》,于是乎断而能变;德全则导之以《乐》,于是乎和而知节;可从事则达之以《书》,于是乎可以立制;知命则申之以《易》,于

---

① 《文中子中说》,凤凰出版社,2017。

是乎可与尽性。若骤而语《春秋》,则荡志轻义;骤而语《乐》,则喧德败度;骤而语《书》,则狎法;骤而语《易》,则玩神。是以圣人知其必然,故立之以宗,列之以次,先成诸己,然后备诸物;先济乎近,然后形乎远。"①"六经"之中,教授《诗经》,人就言语谦和。教授《礼经》,人就端正威仪。然后考察其言行德志,如果他的志趣坚定就继续教授《春秋》,使之既有决断又能权变。如果他的德行完善就继续教授《乐经》,使之既谦和又有原则。行事有效就可以教授《书经》,然后做事就有章程了。通晓命理就可以教授《易经》,然后就可以尽心知性。如果一开始就讲授《春秋》,会志大德薄;一开始就讲授《乐经》,会浮夸失德;一开始就讲授《书经》,会无法慎重对待法度;一开始就讲授《易经》,会无法慎重对待天道。因此,在教学课程的安排上,就要循序渐进,由简到繁,由表及里,使学生从修身正己开始,逐步达到齐家、治国、平天下的修行境界。

因材施教,因时而变。 王通作为老师首先了解学生的个性和禀赋,在《文中子中说·天地篇》中,就有不少他对不同学生特点所进行的评价:"义也,清而庄。靖也,惠而断。威也,和而博。收也,旷而肃。琼也,明而毅。淹也,诚而厉。玄龄,志而密。徵也,直而遂。大雅,深而弘。叔达,简而正。"之后,王通根据"君子不责人所不及,不强人所不能,不苦人所不好"的原则,根据学生能力、特点、爱好、志向等分别教授"六经"之学,"门人窦威、贾琼、姚义受《礼》,温彦博、杜如晦、陈叔达受《乐》,杜淹、房乔、魏徵受《书》,李靖、薛方士、裴晞、王珪受《诗》,叔恬受《元经》,董常、仇璋、薛收、程元,备闻六经之义"②。因为做到了"轩车不可以适越,冠冕不可以之胡",从而充分发挥学生主观能动性,取得事半功倍、教学相长的效果。比如他曾问贾琼、王孝逸、凌敬:"诸生何乐?"贾琼回答"乐闲居",于是王通启发他"静以思道可矣",意思

---

① 《文中子中说》,凤凰出版社,2017,第87—88页。
② 《文中子中说》,凤凰出版社,2017,第97页。

是能够在清静无争的情况中潜心探求关于王道的学问，就可以有所收获；王孝逸答"乐闻过"，王通就说"过而屡闻益也"，意思是能够不断听取他人的批评意见，就会获得裨益；凌敬答"乐于贤处"，王通感叹地说："多贤不亦乐乎！"意思是若能够广泛结交贤德之人一定会乐在其中；学生李密"爱强而愿胜"，曾以王霸之略相问，王通告诫他"不以天下易一民之命"，让他克服自己可能产生的恶念；贾琼好多言，王通告诫他"言而信未若不言而信"，话多比不上少言却守信；越公杨素问政，答曰"恭以俭"来劝诫他；郑公苏威位高又偏私，王通以"清以平"劝诫他要清明公正。同样是论述天的问题，在与学生薛收谈天与圣人的关系时，认为天的功能在于造物；在与杜如晦、董常、贾琼论天时，则把天解释为自然；在宇文化及问到天道人事时，他又说"顺阴阳仁义"；在其他场合把天解释为"气""鬼"等。社会环境改变，教学也要跟着调整，房玄龄曾向王通求教《太平十二策》，王通回答"时异事变，不足习也"，意思是，文帝时急需落实的《太平十二策》，到了房玄龄求教时，形势大不一样了，已经不值得学习了。有人又问"苏绰之道"如何理解，王通回答"行于战国可以强，行于太平则乱矣"，战乱时的方法太平时期拿来用是会出乱子的。这样的见识已经在后来的诸多历史时期得到印证。可见，教学也是要与时俱进的。

具体教学过程中循循善诱启发引导。正如古今中外的许多大思想家和教育家一样，王通的教育也不是灌输式的，而是像苏格拉底、孔子和佛陀那样在对话论辩中开展的开放式教学。他的《文中子中说》就是弟子根据当时与老师求教、交谈和论道时的言辞编辑成书的。王通鼓励弟子辩论、提问，所谓"广仁益智，莫善于问，乘事演道，莫善于对"。例如仇璋曾和薛收讨论"三有七无"，李伯乐曾和董常研讨《诗》《书》，魏徵等人甚至和隐者仲长子光探讨王道。在讨论中，知识得到更深刻理解，学问更容易与实际结合。

王通在日常生活中注重自修。王通认为君主应爱惜民力，为民善民，百姓疲敝则社稷难保。北魏孝文帝大力学习汉族文化，王通评价很高,甚至认为中原文化之不至湮灭断绝,全是孝文帝功劳。这样的儒家思想上承孔孟,通过魏徵成为唐太宗"水可载舟,亦可覆舟"执政思维的理论前导。王通主张夷夏和处,儒释道三教各有可取,三教合一。其中开放、包容的价值导向通过从政弟子造就了初唐开放包容多元的文化氛围。日常生活中他也为弟子树立了一个克己复礼、温良恭俭让的儒士形象。"接长者恭恭然如不足,接幼者温温然如有就",日常生活中"见耕者必劳之,见王人必俯之。乡里不骑。鸡初鸣,则盥漱具服"。一次他的母亲铜川夫人病重,他衣不蔽体侍奉三月,就是在这种情况下,乡人来探视病人,他依然"送迎之,必泣以拜"。

王通盛年早逝,门人弟子不似孔子、子夏繁盛,但弟子及前来求教者的地位与数量值得一书。魏徵、薛收、温彦博、杜淹、杜如晦、陈叔达、房玄龄、李靖等开国功臣都曾向其问学请益,受其影响。魏徵刚正廉明,直言不讳。唐太宗曾"自比于金,以卿为良匠",并感叹地说:"虽古名臣,亦何以加。"魏徵一生谏事二百余件,为唐朝社稷尽职尽忠。魏徵死后,唐太宗涕泪俱下,对群臣说:"以人为镜,可以明得失","今魏徵即逝,遂亡一镜矣!"房玄龄为尚书左仆射,杜如晦为右仆射,"明达史事,审定法令",并称"房杜",时人赞曰"良相"。杜如晦和薛收都以文才见长,同属"贞观十八学士"。唐太宗征战时的各种文书多出自薛收之手。贞观盛世期间,相继三位右仆射都是河汾门下,左仆射一直是房玄龄连任。李靖在杜如晦之后继任右仆射,"才兼文武,出将入相"。他曾"南平吴会,北清沙漠,西定慕容"。贞观十年(636),温彦博为尚书右仆射。他为官清正,死后"家无正寝,殡于别室,太宗命有司为造堂焉"。温大雅和温彦博弟兄二人在李渊太原起兵时就直接参与密议活动,为李渊出谋划策。武德八年(625),温彦博随张谨进攻突厥,兵败被俘,宁死不失节,被流放到阴山苦寒之地,直到太宗继位方才回朝。在唐朝击败突厥、平定河套一带中,他立下卓著功劳。李渊曾对大雅说过:"吾起义晋阳,为卿一门耳。"弟子李密更是早期就带领隋末农民扯起了"瓦岗"起义大旗,围攻洛阳,开仓济贫,牵制隋朝兵力,使起兵太原的李渊得以顺势攻入长安,结束了隋王朝的腐朽统治。陈叔达曾为隋朝绛郡通守,李渊起兵后,他率领全郡投诚,被任为相府主簿,军书、赦令及禅代文诰,多叔达所作。窦威是在李渊入关之后,被任命为相府司录参军的。"时军旅草创,五礼旷坠,威既博物,多识旧议,朝章国典,皆其所定。"《新唐书》中有"时珪与玄龄、李靖、温彦博、戴胄、魏徵同辅政。帝以珪善人物,且知言,因谓曰:'卿标鉴通晤,为朕言玄龄等材,且自谓孰与诸子贤?'对曰:'孜孜奉国,知无不为,臣不如玄龄;兼资文武,出将入相,臣不如靖;敷奏详明,出纳惟允,臣不如彦博;济繁治剧,众务必举,臣不如胄;以谏诤为心,耻君不及尧、舜,臣不如徵。至洁浊扬清,疾恶好善,臣于数子有一日之长。'帝称善。而玄龄等亦以为尽己所长,谓之确论"①。当时参与朝政的几位人物,几乎全是王通的弟子。此时设教已有龙门书院为载体,而书院设教对当时和后世都有深远影响。

(三)薛瑄设教与其影响

薛瑄是明初的理学大师,是河东学派的缔造者和关中之学的奠基者。故居设教及以后书院教育的扩散是成就薛瑄的形式载体。薛瑄去世后由他设教讲学的故居改建的文清书院就是河东学派的发源地和活动中心。

文清书院,在原河津县治南街,正学祠北,故原称"南书院"。最初是薛瑄聚徒讲学之所。明弘治初年,弟子王盛任河东道参政,看到舍宇倾颓,就捐金修葺,并以老师谥号"文清"为书院名。隆庆六年(1572),知县张汝乾奉上司命,追寻薛文清公之遗迹,在文清书院周围买地扩大书院规模。清康熙年间,县令杨玉复另建一座书院名曰龙门书院,至此,河津就有两座书院。据光绪六年《河津县志》卷十一艺文中碑记,县令黄鹤龄将龙门书院"更廓而大之",重建文清书院。乾隆二十九年(1764)黄鹤龄莅任此地,感到"河津人文颓落",买书院之南

---

① 《新唐书》,中华书局,第3128页。

万荣里望乡（原属河津）薛瑄故里祠堂

土地若干亩，又买公输子庙，在龙门书院的基础上，将"岁久就圮，溰朽黩黥多矣"之文清书院重建，使之"为门，为堂，为亭，为祠，为斋、舍、庖、湢，纤悉毕具，爽垲壮丽，巍如焕如"，并"延名师，立课程，选邑中茂才及弟子之秀者，给其廪饩而肄业其中"。龙门书院同文清书院合并，称文清书院。此时的书院已经占地数十亩，院中楼台亭阁、曲径长廊等应有尽有，亭台相济，楼阁相望，山水相融。黄鹤龄之所以重建文清书院，是由于薛瑄先生为河津人氏，先生曾经于晚年在家乡授徒讲学，且其后人薛天章等和黄鹤龄都有光大先生遗泽的愿望。

道光五年（1825），知县汪桂葆重修，监生柴文理捐银2000两，各绅士亦量力捐助，堂斋房屋门墙，俱饬整完固，焕然一新。捐修工竣，尚有剩余经费，在本城内置店房两座，又余银3310两，由知县发交各商，每年以八厘生息，以解决书院经费问题。后因经费入不敷出，同治二年（1863）绅士柴逢年首倡捐200两，各绅士共捐银1000两，亦由知县发交各当，每年亦以八厘生息，经费尚可敷用。院外有地数亩，收租为院夫工食之需，悉由绅士经理。延请书院山长，进士出身者每年束脩银 140 两,伙食青蚨八十吊,节敬银四两,生童课卷、礼房承办,亦于息银内酌给钱。举人 120 两,副榜 100 两。至延请山长,不拘何项出身,总以品端学粹、不染习气、禁绝洋烟、教法森严者任之。主讲由绅士延访、定议,禀商邑令,送关。猗氏进士乔及鸧等曾做主讲。同治二年(1863)敦请荣河县进士出身、库部主政王麟祥主讲,品学兼优,师表人伦,而循循善诱。不特本邑生童从游者众,韩城、吉县、稷山、荣河诸生亦负笈而来。当时教育成果显著,甲子科本邑登贤书者六人。清末废科举,改为临时讲学之所。光绪二十八年(1902)改为高等小学堂。①

薛瑄在近 20 载的从教生涯中,比较有影响力的弟子有阎禹锡、张鼎、李贤、王盛等,形成了河东学派。其中阎禹锡是薛瑄第一次设教时就投师薛瑄的,是河东学派的主要成员,薛瑄实学的直接传人,自拜师薛瑄、从教授业以来,恪守师说,躬行薛瑄之儒,全力传扬薛氏河东之学,数十年如一日,其历史功绩不可磨灭。张鼎是第二次设教时成为薛瑄弟子的,张鼎的最重要贡献在于搜辑校正并刊行《薛文清公文集》,同时张鼎也是《薛文清公年谱》的最早编撰者。现存《年谱》系万历三十五年(1607)杨鹤及其子嗣昌所编。杨鹤在《年谱》的《跋言》中写道:"先生《年谱》,成于门人张鼎,历岁久远,梨枣剥落无存。"②可见现存《年谱》的基础是张鼎所作。张鼎还毕生讲学授徒,直接传扬薛氏之学,成为河东学派发展历程中承上启下的重要人物。李贤也是名副其实的薛氏河东之学的传人,无论薛瑄生前还是卒后,都致力于传播薛瑄儒学,他撰写了《薛文清公神道碑》,为后人深入了解薛瑄及其思想提供了极为珍贵的史料。王盛是薛瑄第二次设教期间拜师求学的,作了《薛文清公书院记》,真实地记述了薛瑄当年两次河津讲学、创建河东学派和后来河东之学延续发展、设立文清书院及其学术活动的历史概貌,对传扬薛瑄的思想起到重要的作用。

---

①参见王欣欣:《山西书院》,三晋出版社,2009,第223—224页。
①《薛瑄全集》,山西人民出版社,1990,第1734页。

"心如水之源,源清则流清,心正则事正。"这是薛瑄的名言。他的弟子及再传弟子很多是通过设立书院的方式传播薛瑄实学,也发扬了他的教育理念。最突出的就是弟子段坚。段坚为官,每到一地就创书院、建社学、捐俸金、购书籍,劝导百姓学习,教化人心。景泰五年

薛瑄故里联完美诠释了河津三贤与河汾道统的渊源

(1454)他创办了甘肃最早的书院之一——容思书院。他到南阳就任后召集州县学官,向他们讲述了古人为学的宗旨,让他们劝导百姓读书,创办了志学书院,聚士民讲说五经要义,建节义祠,祀古今烈女,讼狱徭赋,务底于平。在南阳八年,境内大治,由于生病不得不辞职回乡。他离开时,南阳的士民号泣跟送者,逾境不绝。晚年的段坚在五泉山依岩凿洞,建南村别墅,读书授学。段坚死后,南阳人为他建了祠堂,春秋祀之。可见,段坚在明代西北学术发展中起着承前启后的作用。郡人陈祥称赞他说:"文清之统,惟公是廓。则固私淑而有者也。"纵观段坚为官时的所作所为,还是围绕"求实"而进行的,故《明史》评价段坚是"能以儒术饰吏治"。

薛瑄的河东之学是他弘扬儒学的直接成果,是山西儒学在当时的呈现形态,由他的弟子们继续传播的学说还影响了邻近地方的儒学发展,形成所谓的"关学中兴"。关学即关中(函谷关以西、散关以东,古代称关中)之学,萌芽于北宋庆历年间的儒家学者申颜、侯可,至张载而正式创立的一个理学学派。从薛瑄的二传弟子周蕙开始到他的四传弟子吕柟及其门人为止的这一学术传承,被史家称为张载"关学"在

明代的中兴。《明儒学案·河东学案》以及《明史·薛瑄传》提供了最基本的史料依据。其中,《河东学案》记述的 15 位河东学者,有 9 位被万历年间的冯从吾作为关中学者收进了他所编撰的《关学编》。他们分别是张鼎、张杰、段坚、周蕙、薛敬之、李锦、吕柟及其弟子吕潜、郭浮等人。薛瑄之下传阎禹锡、张鼎、段坚、张杰等。段坚在容思书院的众多学生中以彭泽、周蕙、段续最为出色,周蕙授薛敬之,而吕柟则师事薛敬之,集关学之大成。这就表明,明代关学不仅思想渊源,而且师承关系也间接地"本于薛瑄"。明代关学以三原学派为主体,故黄宗羲编撰《河东学案》之后单立《三原学案》以评述,指出:"关学大概宗薛氏,三原又其别派也。"对于三原学派的思想,清代学者概括:"崇尚气节,不为空谈。"①可见,薛瑄实儒的本质在后世传播中也有所体现。

三、结语

先贤圣人对于文化的传播起了至关重要的作用,后人将其实践形式称为"设教"。孔子是为后世所公认的采用这种教育方式的圣贤,山西地域也借由孔学传袭将"设教"的形式发扬传承,集中体现在河津地界的卜子夏、王通、薛瑄三贤"设教"。薛瑄设教的宅院后来更是被弟

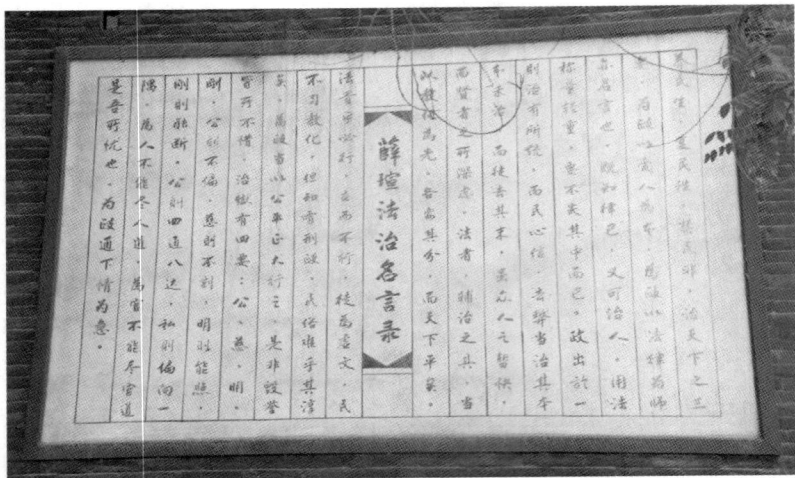

薛瑄法治名言录

①《四库全书总目》卷六十三,中华书局,1965,第569页。

子们建成文清书院,发挥了更加明确的教化育人功能。尽管时间上前后相距千年,空间的同质性使其具有文化现象学研究的当代价值,作为山西书院的源起也具有教育学上的研究价值,对于研究山西地方儒学的特质更有典型意义。

河东地区因卜子夏西河设教的影响而直接设立了数间书院,形成了捐资兴教、民间办学的独特文化现象,也是后来王通河汾设教、创办龙门太平书院以及薛瑄设教及其后设立文清书院的文化起源。明清以来,河津义学兴起,民间捐资办学典范层出不穷,诸如西王黄道台创办的义学,西梁阮在中创办的义学,连伯、任大生等20人创办的养正学校,乔鹤仙创办的南阳养晦学舍等,皆得益于西河地区自子夏始一直得以延续的教育传统。1978年后,河津设教精神得以发扬光大,河津全市兴学育人、尊师重教蔚然成风,永民中学、俊杰学校等社会力量办学先进单位誉满河东。1984年以后,全市平均每年有1000多万元的社会捐资用于兴学育人。1985—2000年,全市筹集改善办学条件资金及社会办学资金达2.1亿元,新建学校126所,新建教学大楼119幢。十多年内,全市民间办学之风长盛不衰,涌现出育红中学、晋清中学、文昕中学、育才中学等先进办学单位。

源自子夏的实儒传统与民间教育理念上下数千年在河津、河东乃至山陕地区绵延传承。"博学而笃志,切问而近思"作为复旦大学校训已百余年。"日知其所亡,月无忘其所能,可谓好学也已矣"被镶嵌在美国芝加哥文化中心。河津三贤设教已成历史过往,但是其传承与弘扬还有很多功课可做。

第二章　平定冠山的书院文化及其价值

西汉董仲舒"罢黜百家，独尊儒术"将儒学意识形态化为政治权术，使儒学第一次与民间自由传播相剥离。书院的出现基本旨于抵消与弱化对儒学的意识形态化。最早的书院产生于唐代，有山西境内的费君书院（今永济市境内）。北宋时也有，如宋钦宗靖康年间的雄山书院（今长治县境内）。南宋理学大家朱熹再度将官方化的儒学与民间关联起来。"朱熹系推动南宋书院的关键人物，他所建置的书院成为道学的传播中心；经由他的仿效者，理学得以散布至士人阶层。即使下迄明代，书院的性质有了变化，但明中叶新出现'讲会'组织，随即成为新兴理学的催化剂。"①山西的书院，明清最为繁盛。其中，平定州城及冠山上的书院演变史较为典型，体现了中国书院的兴衰演变史。

平定及冠山的书院起于北宋，勃于金（与南宋同期），兴于明清，亦在清中叶后进入教化功能衰落的阶段。书院相关人物大致分为三类，一类就是各个时代书院的建造者或者山长，一类是在书院学习或停留过的文人名士，还有一类是在平定留下印记并对书院发展有间接影响的历史人物。他们成为平定地方书院文化的主要缔造者。从书院的古楹联、石刻、碑记中，可以发现平定及冠山书院地方特色鲜明的文化特征。

一、冠山书院史

冠山位于山西阳泉平定县城西南，主峰顶状似冠，故名冠山。站在冠山之巅，阳泉市区尽收眼底，平定县城全貌一览无余，古人赞其为

---

①黄进兴：《从理学到伦理学》，中华书局，2014，第12页。

"群山之冠冕,亦即州境之嵩、泰、恒、华也"。①冠山书院起于北宋,勃于金(与南宋同期),兴于明清,亦在清中叶后进入教化功能衰落的阶段,既是中国书院发展的缩影,也反映了不同民族统治下儒家文化传承的持续性与特殊性。冠山书院可以分为冠山上书院和州城内书院两个部分,其发展历程与各个时期社会背景息息相关。前者更早,更多民办的成分,建在冠山上,却没有明确地称作"冠山书院",只是有"冠山精舍"和"崇古冠山书院"两个接近"冠山书院"的称呼;后者主要是官办书院,不是建在冠山上,而是在冠山所在的平定州城里,却明确称作"冠山书院",可以看作平定人对冠山文化的珍重和对冠山上各个书院文化价值的肯定与传承。

(一)冠山上的书院沿革

《平定州志》记载,北宋宣和年间建于平定州城西南八里的冠山精舍,为"元中书左丞吕思诚父祖数世读书处"。这是冠山上书院乃至平定书院的最早形态。南宋时平定州属金,据《金史》记载,吕思诚的先祖吕宗礼,系金天会九年(1131)进士,曾任辽州司户,著有《沾山集》,其子、其孙也举进士,其后辈吕允曾任平定知州,吕允之子就是吕思诚,其时家族辉煌至极。根据旧志记载,中书左丞吕公即吕思诚(1293—1357),依照元世祖立书院令,在冠山精舍旧址重修书院,以宰相请赐题额,造燕居殿,设宣圣孔夫子肖像,以颜子与曾子配祭。另筑会

平定冠山山门

---

①本章内容除特殊标注外,皆引自平定县党史方志办公室编《文话冠山》,中国文史出版社,2015年。

经堂以及德本、行源斋舍，书院藏御赐经籍、图书万卷。吕思诚在《松峰书院记》中说："昔者，思诚立书院于冠山，奎章阁学士院奉中书礼部移文，宣慰司下冀宁路指挥，平定州储书万余卷。"这一书院成为当时山西境内显赫一时的大书院，藏书量堪比当时全国著名的四大书院，史称"吕公书院"。历时久远，书院无存。明弘治十一年（1498），平定知州吴贤在冠山吕公书院遗址的石洞前构筑正堂，东西作翼堂，称"名贤书院"。书院无存，留有《冠山名贤书院诗碑》，为明代山西布政司左参汪藻在弘治十三年（1500）所作七律，诗云"林皋松老荒书屋，洞口桃花羡武陵"。可见，吕家家塾称作冠山精舍，而非冠山书院，其后依序称作吕公书院、名贤书院云云。

平定人孙杰，字高岭，从小在冠山上的书院读书，考中进士在外居官20余年，回归故乡后在旧地凿夫子洞，并在洞左建高岭书院，聚书万卷，校勘其间。据载，高岭书院曾经"聚生徒数十百人，群居讲习，大较以明道修身为体，以济时接物为用，是以达人高士，彬彬辈出，书院之名称重海内"。因书院居于名贤书院之上，当地人也叫它"上书院"。历五百年沧桑，高岭书院昔日的辉煌已经不复存在，但是留下了焚化字纸池和夫子洞两处遗迹，实属不易。焚化字纸池旁原有"敬惜字纸洞"，不知其建于何年，但据光绪二十三年碑文可知，敬惜字纸洞"因年远代湮，字灰盈洞，不能再容，今复开一洞，添筑焚化字纸池"。现在存留的，也正是后来修筑的那个"焚化字纸池"。高岭书院旧址不再，但是夫子洞保存完好，是一座小小的院落。院内的夫子洞坐北朝南，

平定冠山上书院焚化字纸池

冠山槐音书院(下书院)遗存

一石凿成，洞内居中为孔子雕像，左右是其弟子颜回和曾参，形象地再现了孔子传道授业解惑的场景。院东地上自然生成的岩石上凿一池穴，刻有"砚池"二字，院西矗立的巨石上刻一"墨"字，形如一锭墨。

院东天然垒就的石墙上刻着"云中坐论"四字，夫子洞前的石坊上刻有一副对联："于此寻孔颜乐处，超然得山水真机。"于器物于格局中见儒学风骨。清乾隆年间，郡人张佩芳与多人募资，在冠山资福寺东面修建槐音书院，也称作"下书院"，有一院落遗存。可见，这一阶段冠山上的书院称高岭书院、槐音书院等。

公元1644年，清兵入关。清朝统治者骨子里对汉文化又敬又怕，害怕书院的自由讲学之风会撼动其统治基础，执政之初便对民间创立的书院采取严酷的文化禁锢政策，对书院的活动严加控制。到乾隆、嘉庆年间，随着清政权的逐步巩固，对儒家文化的敬畏与借鉴也日益深重，而民间书院影响久远，禁不如疏，禁锢政策逐步松动。至雍正十一年(1733)，朝廷承认了书院的合法地位，并开始介入书院的创制与发展。冠山上现存的书院，主体是清嘉庆十一年(1806)平定人孙裕重建的崇古冠山书院，保存完整。据嘉庆年间的重修碑文记载，当时全国较著名的书院有常州的邑山书院、池州的齐山书院、曲阜的尼山书院，而"太原唯冠山书院显于时"。书院主体建于冠山腹部，坐西朝东，靠山临谷，是个内外二进式的院落。内院正面月台上有西窑五眼，居中者一明两暗称"崇古洞"，洞内立有孙裕亲书《书院留赠石碣》。月台下有北窑三眼，额书"新德"，南窑三眼，额书"广业"，彰显着古人德业并重的育人理念。院中明清两代碑刻众多,保存完整。有清代修建的资福寺,寺院正对一座古戏台,上有楹联"传五万里人情多少,奇观廿二史;绘四千年物色分明,俗说十三经",突显了冠山儒学教化的气质。寺庙西南有深涧,上有石桥,是登山要津,民间称其为状元桥,也可看作书院建筑的组成部分。桥旁有清泉一泓,水味甘美,四季不涸。井边有一块巨石,高约一人,阔有两倍。石上有傅山先生篆书题刻的四个大字,有人识其为"丰周瓢饮",有人辨其为"礼周瓢饮",首字争议各有典,"瓢饮"二字则确定无疑。乡人视其为镇山之宝。出书院南行数十步便是仰止亭,是由致仕归籍的乡宦窦瑸在67岁所建。古书院背后,是一片陡峭的山坡。拾级而上,但见翠绿丛中有一组规模不大却极为精巧的两层建筑,上为文昌阁,下是吕祖洞。吕祖洞内供奉的是传说中的八仙之一吕洞宾。吕祖洞上面建有文昌阁,阁内供奉的文昌帝君,既是慈祥孝亲的楷模,又是主宰文运的神灵。道脉坊位于冠山书院南端的夫子洞下、仰止亭南,建于乾隆辛卯年(1771),迄今200多年,是冠山现存最古老的牌坊。此坊横额题刻"道脉"二字,石坊另一面横额题"石室薪传"("薪传"就是薪火相传之意。"石室"是中国第一所官办学校的名称,由西汉时蜀郡太守文翁创建,所以也称"文翁石室"。文翁石室是现在成都石室中学的前身,公元前141年创立,是全世界迄今为止唯一连续办学两千多年而未曾中断也未曾迁址的学校)。从夫子洞向东而下,半山腰处是1992年新筑的"德馨亭"。亭内立一圆柱体"集资兴学纪念碑",记述了中共十一届三中全会后全县人民助教兴学之义举。此亭一基六柱,重檐二顶,古朴典雅,秀丽端庄,有冠山"小天坛"之称。冠山还有一景,便是散落于繁茂树木中的巨石镌刻,不同朝代各家名儒留下了儒学教化的历史印记。据《平定州志》记载,"状元"石由金代平定州刺史赵秉文的好友、状元杨云翼题,"仰止圣真"由明代嘉靖时山西参政、前提学副使古郾陈棐书;"云中坐论""心目豁然""达观""龙惊""远尘",皆由明万历间松岩山人葛思茂书;"高山大川"由王云凤书,"兆我生徒"由河东王廷对书,"白岩"乃乔宇

平定冠山书院纪念碑

自篆其别号,又有"静修"为乔宇书,"仰之弥高"为清人张诚书,还有傅山的"瓢饮"石,文脉传承,尽显石上。现存的崇古冠山书院恢复了冠山书院之名,也算是实至名归、名正言顺了。民办书院史也就终结于此,其后便是官办书院的兴衰历史。

(二)平定州城的书院兴衰

平定上城是平定州衙署的所在地,是一州三县的政治中心。乾隆十三年(1748)王祖庚赴任州牧,他看到"旧有书院在山泽中,非建之于官,无经久计,以故兴废不常",于是,于乾隆十六年(1751),劝捐银3683两,以其"子钱"(利息)为教师的酬金和学生的学费,借用学院行署作为学舍,建立榆关书院。自此,平定州诞生了真正意义上的官办书院,上城不仅成为平定州的政治中心,也成为文化教育中心。

乾隆三十年(1765),陶易任知州。他上任伊始,正遇上礼部"咨查"书院名目,因闻名全国的山海关亦名榆关,"榆关书院"容易造成误会,也难以反映书院的地方特色,所以以发源于嘉山、绕城而过的嘉河为灵感,改为嘉山书院,寓意源远流长。并增捐膏火(学费)717两,以扩大学院规模。书院于乾隆戊子年(1768)三月开工,一年后完工,耗银三千八百。落成之日，众生集结于崇贤堂下，知州陶易即兴讲话，谆谆告诫学子，要立功德立言，不负圣天子椟朴之化。书院收入《大清一统志》。

乾隆五十年（1785），提督山西学政的戴衢亨莅临平定，他视察完嘉山书院之后，以他开阔的视野、渊博的学识，从继承传统的角度考虑，将嘉山书院易名为冠山书院，并题额。嘉庆庚午冬（1810），吴安祖担任平定知州。鉴于冠山书院山长"动辄侨寓他乡"，"生徒亦遂云散"，"而室中书案坐具荡然"，"屋宇零落，墙壁倾颓，甚至毁窗折椽"，吴安祖带头捐廉百金，乡里举人孙植忠也奉其父孙裕遗命，捐制钱五百千，以助工费，对书院进行整修。从癸酉（1813）三月开工到五月竣工，"从新苫盖者五十余间，其余，缺者补之，旧者新之"。这是书院建成后的一次大修，吴安祖所撰写的《重修冠山书院碑记》留下了珍贵的资料，此后历经嘉庆、道光、咸丰、同治。

在维新变法的推动之下，废科举、建学堂在全国兴起。光绪二十九年（1903），冠山书院改建为平定中学堂，以书院之名存在的教育机构从历史长河中消失了，但教育事业仍在延续。改建后的平定中学堂对原有校舍进行了改建和扩建，增加了不少新的教学设施，数理化和音体美也列入了课程。第一任校长为郭士璜，继任者相继为周克昌、冯司直、王守圭、刘昌宜、白毓泰、郭名世、蔡侗等，他们中有的是进士，有的是留日学生，学养深厚。1926年，进步学子在此加入中国共产党，创立了中共平定特别支部，甄梦笔任支部书记。山西省早期党的活动家孙竹庭、池必卿、周璧、王谦、王庭栋、赵雨亭、刘征田等都曾在此就读或从事革命活动。直至解放前，培养了1300多名学生。1949年2月10日，遵华北太原市人民政府令，晋中一中和平定县师合并，成立山西省立平定师范学校，迁校址于平定上城。至1999年，经过脱胎换骨的改造，已经发展成一所具有高素质师资、高水平设施的现代化中等专业学校，共为国家输送合格师资16000余名。2010年，平定师范升格为高等师范专科学校，开始了新的辉煌之路。

(三)冠山书院

从冠山精舍到崇古冠山书院,从最早官办的榆关书院到2010年的高等师范专科学校,平定的教育机构以各种形态、各种称呼延续近千年。完全称作冠山书院的只有从1785年到1903年期间的平定冠山书院,是连接私立书院和现代化学府的重要阶段,对平定文化传承和文脉的延续起到重要作用。数百年来,正是由于官府为主导,辅之以民间捐助,保证了书院建设和运转的经费,终于使冠山书院成为平定有史以来"规模宏广,擘画周详,凡器用无不毕具"的书院,正如吴安祖语:"负笈来者满室满堂,彬彬乎极一时之盛矣。"

据《山西全省各府厅县地方经理各款说明书》载:"道光、咸丰年间,州中富绅捐置冠山书院膏火田地一顷一十亩,每亩年得租米一斗至二斗不等,中稔之年照市价折算约值钱八十千上下。"又据《平定州志》载,道光三年(1823),王轼妻施膏火银四千两;咸丰七年(1857),山西省按察使沈兆沄捐廉二百千文,州绅白联元、曹汝愚、张黼荣捐银二百千文,以生息的方式奖掖优等生童。光绪三年(1877),监生牛步庭施桃坡村地七十四亩五分,每年收租课钱四十千文,作为院课奖赏之费。平定师范院内所藏的两块石碑对此也有记载。一通是光绪十五年(1889)平定知州葛士达撰写的《增施膏火碑记》,讲的是东关镇"家本寒素,自奉俭约"的文童李桂泉力积学资大钱五百千,捐于冠山书院做本生息加增膏火(学费)受到表彰的事迹。另一通是光绪二十八年(1902)由四川补用道张九章撰写的《增施宾兴碑记》。科举时代,地方官设宴招待应举之士谓之宾兴。碑文记述了阳泉郗氏等捐银以做宾兴之费的事迹。光绪二十九年(1903)平定筹办学堂,据官方统计,旧存冠山书院膏火本息及宾兴会本息,再加上官绅捐助经费,总计本银一万七千二百两,本钱九千六百五十四吊,尽数拨充学堂生息支用。

冠山书院基本承袭了嘉山书院时的形态。光绪版的《平定州志》"艺文篇"所载陶易《嘉山书院记》勾画出冠山书院的大概样貌。主要有书院主体、崇贤堂、生活区和文昌阁四个部分。

书院主体：大门三间，二门三间，讲堂五间。讲堂正面悬挂着梁国治题写的匾额"千树堂"，取"十年树木，百年树人"之意。梁国治（1723—1786），字阶平，浙江会稽（今绍兴）人，乾隆十三年（1748）进士，殿试头名。由修撰累官东阁大学士兼户部尚书。清俭自守，好学爱才，治事敬慎缜密。工书法，有《敬思堂文集》。曾任《四库全书》副总裁官。这样一位大家为书院题写匾额，无疑提升了书院的地位。

崇贤堂：位于讲堂之后，五间，内祀赵秉文、杨云翼、李冶、王构、吕思诚、元好问六贤，又增祀耿九畴、王克己、梁昱、乔宇、高光烈、塞达、杨思孝、郗夔、孙继先、宋焘、冯守礼、朱一统、张三谟，总共19人。其中仕于州者六人，生于州者六人，流寓者三人，籍在属邑者四人。这些人品格高尚、宦迹突出、文章冠古烁今，为儒生效仿之榜样。

生活区：崇贤堂之后建号舍28间，另建耳房25间，以补号舍之不足。另外，建炊爨之所，东面偏隙之地掘一水井，上筑凉亭，曰东井。甄汝砺写有《嘉山书院东井赋》，序言云："嘉山，平定之胜也。文登陶公来守是邦，戊子鼎建书院取以名焉。越明年，于讲堂之东偏，穴地得泉，筑亭于上，曰东井，盖取汲古得修绠之意。""汲古得修绠"，语出唐代诗人韩愈《秋怀》诗："归愚识夷涂，汲古得修绠。"意思是学习不但要刻苦，还须有恒心，找到方法，犹如深井汲水，必须有长绳（绠）。

文昌阁：建于号舍之后，内祀文昌帝君。文昌本星名，亦称文曲星，或文星，古时认为是主持文运功名的星宿。文昌帝君为民间和道教尊奉的掌管功名禄位之神。文昌阁挺拔、威严，每日接受书院学子的仰望。

（四）现存州城内冠山书院遗存

20世纪50年代，尽管平定考院和冠山书院在改建为平定中学堂和平定师范之后，增修了一些教室和宿舍，但其基本格局并没有改变，人们从那青砖灰瓦的中式建筑群中，仍能想象到平定考院和冠山书院当年那恢宏的气势：沿城里街上行，至十字路口，然后向南过嘉河济川桥，迎着用黄砂石砌就的阳坂坡向上攀登，折西，过榆关门，径直走百余米,便是考院和书院了。首先映入眼帘的是高大雄伟的院门,青砖蓝瓦,飞檐翘脊,雕梁画栋。两旁,两棵大槐树参天挺拔,郁郁葱葱。大门对面有一座大影壁,影壁东西两侧各有一座牌楼,牌楼顶为拱形飞檐,飞檐下各有一牌匾,东为"风行教化",西为"雨化英才"。登上台阶,进入朱红油漆大门,西有上刻"还我读书"的钟楼。穿过走廊,迎面竖立着一座石牌楼,牌楼上方的横匾上为"青年进步"四个大字。牌楼对面就是考院的大堂,歇山顶,面阔五间,进深五间。大堂之后是大厅,也是歇山顶,面阔五间,进深三间。大厅背后是一四合大院,正房为考官议事厅,歇山顶,面阔五间,进深三间;房两侧有小院,左右对称,为侍卫居所;房前高台周围有护栏,栏前丁香树郁郁葱葱,一到春天,紫花烂漫,香气袭人。由大堂往西,从南往北依次为仓房院、中操场和桥院。仓房院应为考院生活区;中操场是否为后来改建,不得而知;桥院有正北房三间,左右厢房各两间,建筑精巧,环境优美。房前,有小桥与宽阔、平整的中操场相连,这里是考官的居所。考院往西,即冠山书院原址,共有两组建筑:一组从南往北依次为马路院、柏树院。柏树院内翠柏长青,南有深井一眼,北房和西房为生员居所。另一组从南往北为一进四串院,院与院有过亭相连,这些建筑均为青砖瓦房,歇山顶,高大明亮。院北紧靠城墙,是一座一进两屋的三眼石窑洞,窑顶上有三间砖瓦房,称藏书楼。至于上文说到的崇贤堂和文昌阁已经难觅踪影了。如今,这一切都已经不复存在,只留下一座高高的门楼和两棵尚在顽强存活的大槐树。门楼的屋檐下,镶嵌着一块白色大理石,上书"平定县重点文物保护单位:平定特别支部遗址"。

二、冠山书院的人物与影响

冠山上书院与后来平定州城的书院,其传承不绝与平定绵延的历史文化传统有关。历代书院又培养了许多治学治世的人物。各代相关人物大致分为三类:一类就是各个时代书院的建造者或者山长,如吕思诚及其父祖、明弘治平定知州吴贤、明嘉靖平定太守孙杰、清嘉庆平定人孙裕、光绪年间任书院山长的王登瀛等。一类是在平定或书院学习或盘桓过的文人名士,如元代元好问,明朝乔宇、延慕竹、陆深,清代傅山、窦瑸、张佩芳和张穆祖孙俩人。另据县志不完全统计,金、元、明、清四代,平定中进士131人,举人680人,各类贡生785人。比如父子进士耿裕、耿九畴,兄弟进士李愈、李念等。还有一类是历代对平定书院传承有所推动的官员,如曾任平定刺史的赵秉文、平定州城冠山书院的创始人平定州官王祖庚、为冠山书院打下文化基础的平定知州陶易、为冠山书院的建设和发展做出过贡献的提督山西学政戴衢亨等。

(一)书院缔造者与山长

第一类人物中首先就要提到吕氏家族,特别是金元时期的吕思诚。其在冠山上建书院,为后来冠山书院的先声。据《元史》记载,吕思诚的先祖吕宗礼,系金天会九年(1131)进士,曾任辽州司户,著有《沾山集》;宗礼的儿子叫仲堪,举进士;仲堪的儿子叫时敏,也举进士;时敏的儿子单名钊,为千夫长,卒于国事;钊的儿子是德成;德成的儿子叫吕允,曾经任平定知州;吕允的儿子就是吕思诚。吕氏累代居官,数世奔走仕途,到吕思诚辈,家族辉煌至极。吕思诚在元代泰定元年(1324)中进士,始授同知辽州事,后改任景州蓨县尹,后升为翰林院检阅官及编修,之后历任侍御史、集贤院侍讲学士兼国子祭酒、湖广参政、中书参知政事、左丞转御史中丞等职。吕公在翰林院期间,曾总裁宋、辽、金三史,有《介轩集》《两汉通纪》《正典举要》《岭南集》等著作传世。吕思诚病逝后赠齐国公,谥忠肃,葬于平定城北三岔口,后人尊称其为"吕公"。

孙杰,在冠山建高岭书院。孙杰,字朝用,生于明代成化年间,从小在冠山读书,弘治三年(1490)举进士,历官郎署,出任陕西临洮府知府。孙杰当年在冠山求学的时候,就有志兴复冠山书院而未能如愿,等到他在外居官二十余年致仕归里后,书院已被山西布政司左参政汪藻督建修复,但他依旧怀有建书院、崇圣贤之心,因为冠山上的书院不仅是他当年求学的地方,也是孙氏家族祖孙五代读书成名的地方。辞官回乡的孙杰开始在冠山选址建造书院。明嘉靖五年(1526)春,孙杰偕同其弟寓居于书院,每日聚朋邀友,且吟且酌,寻访旧游之地,遍求佳胜之所。最终选定了书院上面偏南一隅的一块巨石,"遂捐资命工琢为洞,肖夫子像,以颜子、曾子配。又叠石为二洞,以备士类息偃游艺之所,缭以垣墉,欲与书院相表里"。石洞凿成后,孙杰请白岩山人乔宇书写"夫子洞"三字,给左右两翼垒砌的"圣迹"二洞篆额并作记,所以后人也称其为"夫子圣迹洞"。嘉靖九年(1530),孙杰又在夫子洞北边建成高岭书院。根据明代白金撰文的《新建高岭书院记》记述,高岭书院力效白鹿、岳麓、石鼓等著名书院,"群居讲习,大较以明道修身为体,以济时接物为用",力求"达人高士,彬彬辈出",让书院之名"称重海内"。这篇碑记称,书院落成后,"聚书万卷,雠校其间,严规护以导迪子孙,立文会以旁招才隽。暇则一觞一咏,纶巾野眠,宴如也。郡士夫题之榜曰'高岭书院',盖乾坤乐事尽在山中矣","公也,进则尧舜其君民,退则孔孟其后学,是盖天地一元之心矣",给予孙杰极高的评价。

孙裕,建崇古冠山书院,为现今遗存。孙裕是平定西关人,曾授同知衔,性宽宏,好义举,曾经捐钱为河下村民掘井汲水,创建五渡山道以便行人,州志记载他尤喜培养学子,奖励读书,合资翻修圣庙西之义学,并捐银购地百亩作为义学经费,急公好义之举为乡人所传颂。嘉庆丙寅年(1806),奉直大夫孙裕开始在吕公书院原址复修书院,到第二年秋天落成。当孙裕重修冠山书院之时,在平定上城已有官办的冠山书院,为避重名,遂改称"崇古冠山书院"。 清代嘉庆十二年(1807)秋,正当孙裕复兴书院、举行落成庆典的时候,传来了当年乡试平定大捷的喜讯,十五人金榜题名。那一年,是平定读书人在科举时期中榜人数最多的一年,当时一般的县好几年才能考中一个,而平定竟然一次就有十五人中榜,占当年全省得中者的五分之一。这十五人后来大都被委以重任,政绩卓著,诗文传世,其中有四人中了进士,张观藜还被誉为"北方大儒",他培养的学生寿阳祁寯藻,后来成为四朝文臣、三代帝师,大名鼎鼎,令后人望尘莫及。

州城的冠山书院尽管以科举为目标,但是由于注重对山长和主讲的选拔和任用,学术研究之风亦盛。书院里这样身份的人都是经历过科举考试的严格选拔、学富五车的饱学之士,是开展学术研究的带头人。如乾隆丙戌科进士李光万,曾任长子县教谕、陆丰县知县。另据《云五陈先生墓表》载,云五"初从孟晓云先生读,继随名山长李汾生大史讲学于冠山书院,一时俊才硕彦皆出其门"。陈云五,即陈书年,平定城里下弯人,光绪癸巳科进士,授奉政大夫,直隶候补知州,直隶衡水县知事、天津审判厅推事、保定地方监察厅检察官,曾获"绩著河防""功同树人"匾。他既是冠山书院的学生,又是书院的主讲。

据县志记载,光绪年间任书院山长的是王登瀛。他是冠山脚下冠庄村人,出身书香门第,据其家谱考证,王登瀛是冠庄村东王家十一世"成"字辈人,弟兄五人起名均有"成"字,唯独登瀛不按谱序,疑似其后来因冠山"登瀛坊"而改名。王登瀛是光绪十五年举人,未入仕途而在冠山书院以讲学授徒为业。其子王树声从小耳濡目染,旧学基础深厚却勇于接受新潮,毅然放弃科考老路,成为冠山书院改为平定中学堂后的首批学子,辛亥革命后曾任平定第一完全小学校校长(当时周克昌为女校校长)。其孙王汝桢是旧制平定中学的教师。如今的后人王世茂依然执着地研究冠山文化特别是冠山的书院文化,成为当地冠山文化研究第一人。

(二)学习盘桓过的文人名士

写过名篇《雁丘词》的元好问。元好问(1190—1257),字裕之,号遗山,世称遗山先生,祖籍平定,太原秀容(今山西忻州)人。元好问早年在文学创作上受到过赵秉文的影响,其后又博采众长,青出于蓝而胜于蓝,成为金代最负盛名的文学家、历史学家。他为赵秉文写墓铭、写诗填词追忆他的功德,这就是后人所说的"元赵风流相尚"。天兴二年(1233)金朝国都汴京失陷,元好问和金朝百官一同被蒙古兵解送山东看押,直到金亡后,才重获自由。时年45岁的元好问最向往的地方就是山西平定,因为这里是他祖上居住过的地方,更是他的恩师赵秉文做知州八年之久的地方。因此,元好问获释后,一路奔波,来到平定。元好问曾寓居平定十余年,遍游平定的名胜古迹,对平定的历史文化倾注满腔热情,写下了难以计数的诗篇。其中,有咏娘子关的诗《游承天悬泉》,还有咏故关、咏药岭寺、咏天宁寺等,篇篇都是平定文化宝库中的珍品,为平定"文献名邦"的名副其实贡献不小。《乡郡杂诗五首》更表达了他对平定和冠山的情怀。

明朝乔宇与冠山上的书院渊源深厚。乔宇(1464—1531),字希大,号白岩山人,明代平定州乐平(今昔阳)人,与辽州王云凤、太原王琼并称"晋中三杰",亦云"河东三凤"。明成化二十年(1484)登进士第,授礼部主事,迁光禄卿,历任礼部尚书、兵部尚书、吏部尚书。嘉靖十年卒,谥庄简,有《乔庄简公集》《游嵩集》等留世。乔尚书为文出入六经,诗多自得语,书通篆隶,晚年精于鉴赏,今平定、昔阳、和顺、井陉等名胜多有其题刻。冠山"夫子洞""访吕公书院旧址""左丞石庵"等,均为其墨迹。乔宇还亲书一首七律《雪中访左丞吕公书院旧址》,其中一句"傍险欲寻归隐洞,凭高还上读书台",不仅意境高远,表达了文人儒生慎终追远的情怀,而且成为后人考据金代吕公书院的重要史料。乔宇还作了《孔子洞记》详细记叙了当时孙杰在冠山选址、凿洞的前因后果,留下了宝贵的史料。

延慕竹是《平定州志》的首创者。延慕竹就是延论,字元纳,号慕竹,平定人。曾在冠山书院读书多年,18岁考中秀才,明万历十四年(1586)中进士,历任陕西雩县、会宁知县,秉公理事,清正自律,很有政声。后调为睢州判官、南京兵部职方司员外郎中、江西佥事。在任期间,生活俭朴,不贪不染。后任河南按察司副使等职。延论的文章颇有声名,致仕回乡后于万历二十年(1592)被知州宋沛聘用,创修《平定州志》,为平定文献史料的辑存留下不可磨灭的功绩。此前二百余年,平定州事漫无稽考,"所存者仅元左丞土风一记而已",况吕思诚的《土风记》毕竟只有564字,布局不分条目,起首导论,依次记述平定的沿革建置、山水祠庙、疆域民风等,尚未涉及政治、经济、军事、艺文诸方面,确实难称为志书。所以,人们多认为延论为《平定州志》的首创者。

　　明代陆深对高岭书院情有独钟。陆深（1447—1544），字子渊，号俨山，南直隶松江府上海人。在滔滔黄浦江与大海相融处有一块滩地，由于当年陆深在那里的吟唱，人们便将其称为"陆家嘴"。陆深以文章成名，又善书，登弘治十八年（1505）进士二甲第一，授编修，史载其为词臣冠，著作宏富，有《俨山集》一百卷行世。他在嘉靖初年督学山西期间曾撰《河汾燕闲录》二卷。在冠山上留下了《高岭书院孔子洞铭》和一首七律，也是后世研究高岭书院的宝贵史料。

　　傅山父子与冠山上的书院也颇有渊源。据载，作为反清复明的爱

国名士，傅山不止一次登临冠山，在书院盘桓，与同道中人共商复国大计，尽管大业未竟，却为冠山增色不少，吸引了全国名流驻足冠山。状

崇古书院巨石

元桥旁的巨石镌刻"丰周瓢饮"或称"礼周瓢饮"就是当年傅山先生所题写。1984年移到桥西山隅，并筑亭"瓢饮亭"。其表现了爱国儒士不攀附权贵，不耽于物质享乐的高尚气节。其子傅眉（1628—1683），字寿髦，一作寿毛，擅长诗词、书画与篆刻，诗书效法其父，古朴而有真趣。崇古书院北侧墙外是有名的"左丞石庵"。三块砂质巨石兀然横卧，成"品"字形，其中一块南向开一拱形洞口，内凿一石室。洞口上方有白岩山人乔宇篆刻的"左丞石庵"四字。今人推测其为吕公读书或

避雨之处。钻入洞中读书,余音回响,自然妙不可言。巨石西侧刻有傅眉的一首五言律诗:

> 但是陂陁石,颓唐总可人。
>
> 风霜容磊落,烟雨渗精神。
>
> 不肯孤花压,谁能乱木因?
>
> 点头汝信我,各各会其真。

借物抒怀,高度赞颂吕思诚的光明磊落和刚正不阿,也表达了当时文人儒士的精神追求。

窦瑸文武大才。窦瑸(1719—1806),字文贻,号欲诚,平定东关人。早年研习儒业,钻研经学,后来因为羡慕其族叔花翎侍卫窦宁衣锦还乡,遂弃文习武。乾隆六年(1741)中武举,次年连捷武进士,授蓝翎侍卫,两次随皇帝狩猎。历任江西铅山营都司、台湾城守营参将、绍兴协副将、登州总兵、湖广提督等职。窦瑸十分热爱教育事业,退休回原籍后,置办大批教学用具赠给书院,并在冠山上修筑"仰止亭",优游林泉,训课子孙,从不干预地方政事。据传,绍兴一带百姓因其治理水患有方、肃清盗匪有功而称颂其为"全越福星"。

(三)推动平定书院传承的官员

开启平定文脉的刺史赵秉文。赵秉文(1159—1232),金代大儒,字周臣,晚年称闲闲老人,磁州滏阳(今河北磁县)人。金大定二十五年(1185)进士,历任邯郸、唐山、大兴县令。泰和三年(1203)任平定州刺史,修涌云楼,建涌泉亭,为政宽简,累拜礼部尚书。赵秉文"历五朝,官六卿",朝廷中的诏书、册文、表以及与宋、夏两国的国书等,多出其手。所草拟的《开兴改元诏》,当时间巷传颂。他学识广博,著有《易丛说》《中庸说》《扬子发微》《太玄笺赞》《文中子类说》《南华略释》《列子补注》等,且善诗文书画,前后主掌文坛四十年之久,成为金代中后期的文坛盟主,《金史》称其为"金士巨擘,其文墨、论议以及政事皆有足传"。乾隆版《平定州志》记载:"赵秉文……文章德业为时推重,至今人犹慕之。"他对于平定文化的启蒙与热爱集中体现在修复涌云楼,肇建涌云亭,并作思古诵今的《涌云楼记》。自金元以来,涌云楼一直是平定地方文人雅士聚文会友之处,也是史书典藏之所。赵刺史在《涌云楼记》中得出了"渊静所以存神,昭旷所以知政,静以养恬,动以应物,万变之来,了然吾胸中而不惑"①的体悟,充分体现了儒家修齐治平的境界。

平定州城冠山书院的创始人王祖庚。王祖庚,字孙同,又字砺斋,江南松江府金山县(今上海金山张堰)人。清雍正五年(1727)进士,授山西兴县知县。适逢旱灾,申请开仓平粜,未等批复,即令百姓赴仓买谷,使群众得以度过灾荒。后升隰州知府,该处地瘠民贫,民风强悍好斗,他引导教化,治理有方。乾隆十三年(1748)调任平定州。在平定六年,他十分重视文化教育事业的发展。他看到旧志为明万历中叶的残本,"百数十年间爝火荧光几于迹灭",于是搜罗故实,采访遗逸,挑灯握椠,订讹补缺,终纂辑成书,使从政者有所取资。他看到文庙祭器无存,便自捐俸银,购买重置。他在平定的最大手笔就是创建榆关书院,开启了官办书院的新时代。他为人爽直,慈惠披诚,待人不欺隐,断事明快,案无留滞。

为冠山书院奠定基础的知州陶易。陶易,字经初,号悔轩,威海城里(今环翠区)人。4岁过继给叔父为子,叔父早亡,家境贫寒,靠婶母辛勤纺织维持生活。自幼刻苦学习,常彻夜诵读。清乾隆十七年(1752)中举人。乾隆二十八年(1763)代理衡阳知府。乾隆二十九年(1764),陶易升任直隶平定州知州。他同情贫孤,压抑豪强,在任六年,处理了全部积压案件;他躬身走访名士,共谋兴利除弊,修城浚河,提倡节俭,反对奢靡。州里土厚水深,井泉很少,居民苦于吃水难。陶易率百姓择地挖井,挖至数丈后,泉水涌出,甘甜清口,民众十分感动,此井即被誉为"陶公井",并建亭刻诗纪念。陶易在平定六年时间,在文化教育上建树颇多,有两件事永留平定史册。一是重修榆关书院,易名为嘉山书院,确立了书院的规模、定制,并撰写《嘉山书院记》,载

---

①《平定州志》(光绪十八年刻本),第365页。

入《平定州志》;二是为平定的天衢阁、朝晖阁等庙宇楼阁作记,并留下不少脍炙人口的诗篇,如《别书院诸生》:

> 崔嵬高阁讲堂开,往哲羹墙好溯洄。
>
> 绠汲甘泉通道脉,阶环玉笋尽仙才。
>
> 九天鹗举排云翮,三月龙蟠起蛰雷。
>
> 图始经营还记否,使君亲为辟蒿莱。

这是陶易所写的《将之淮上留别四首》中的第三首,面对"图始经营""亲为辟蒿莱"的嘉山书院,陶易盛赞诸生以先哲为榜样,有百折不挠的求学精神,期冀诸生未来如"九天鹗",展翅奋飞,似"三月龙蟠",掀起震耳蛰雷。字里行间饱含着陶易在离开平定州赴任淮安之前依依惜别的心情。在冠山书院落成的仪式上,陶易的一席话道出了书院的办学宗旨,他面对崇贤堂的19位先贤,语重心长地说:"士人以千秋自命,不可妄自菲薄。崇祀诸贤非以科名焜耀、势位显奕而祀之也。立德、立功、立言,非有一于此不在此列。今诸生揖让讲论读书砥行,以尊师取友而来学,徒以登科第、受爵禄而已? 必也取法圣贤、剖析道义、孝弟廉耻修之于身,而于天地人物礼乐食货兵刑之书博学详察体用,兼该踵武贤哲,以无负圣天子椟朴之化。"[1]这里,陶易将书院的培养目标和教学内容分析得鞭辟入里、简约精当。

对冠山书院的建设和发展做出过贡献的提督山西学政戴衢亨。戴衢亨,字荷之,号莲士,清大庾(今大余县)人。乾隆四十三年(1778)殿试一甲一名,状元,授翰林院修撰。选任文衡,累主江南、湖南乡试。嘉庆初年,凡大典须撰拟文字,皆出自其手。嘉庆十年(1805)起任兵部尚书、协办大学士、体仁阁大学士兼翰林院掌院学士。从政谨饬清慎,颇有远见,为嘉庆时重臣。著有《震无咎斋诗稿》,善画山水。戴衢亨没有在平定做过官,却对平定的文化教育有着巨大的贡献。乾隆四十九年(1784),戴衢亨提督山西学政,他常到平定视察工作,调查研

---

①《平定州志》(光绪十八年刻本),第439页。

究,根据实情调整上面颁行的政令,保证了人才选拔的质量,也促进了地方教育事业的发展。他在视察冠山书院时提出宝贵建议,还对《平定州志》的编修起到关键作用。乾隆五十年(1785),戴公至平定,对当政者修志的漠然态度提出批评,建议志书要体现平定"山右文物之区""士习文风颇近淳正"这一特点,积极推动了《平定州志》的纂修与刊印。在成稿之后他又进行了审阅和作序。在序言中,他评价道:"其考证明确,详于旧志,而部署亦较严整……"

此外,还有在平定留下足迹的诸多名人文士,出生于平定的历代先贤儒士,不胜枚举,都成为平定和冠山书院文化得以传承的文化背景与文脉支撑。

三、平定各时期书院文化的当代价值

人类不仅仅生活在一个受制于因果关系的自然世界中,更跃迁到一个人文世界的意义系统中,康德曾以"自然"与"自由"区分之。价值形态正是这个意义系统的骨架,支撑起整个意义系统的各种脉络,承载传统智慧,分享现代文明,指向超越的未来。中国古代书院文化拥有一些同质的价值样态,比如德业并重的目标追求、自由活泼的为学品格、创新争鸣的开放气度、谨严淳正的治学精神、知行合一的践履理念。从冠山上各时期书院和平定州城书院活跃过的儒生文士事迹以及遗存至今的古楹联、石刻、碑记中,可以发现平定书院独特的文化价值。

(一)人物风范与文化价值

1.崇圣尊儒、知行合一的吕思诚

吕思诚是迄今为止平定人中官位最高、政绩最著的廉吏。据《元史·吕思诚传》记载,他曾任翰林国史院检阅官,总裁宋、辽、金三史,官居中书左丞,尽管其仕途坎坷,但"痴心不改",就连他的政敌也不得不承认:"吕左丞素有廉声,难以及之。"

修身齐家。吕思诚幼时"目有神光,见者异之",少年聪颖,饱读诗书,曾经在其父祖数世读书处冠山精舍刻苦求学,后来考中元泰定元

年进士,官至中书左丞。胸怀大志,性情刚烈,直言敢谏,刚正不阿,且视名利如浮云;虽然功成名就,位高权重,却"不独亲其亲,不独子其子",夙夜在公,甘守清贫。他写给妻子的一首诗《寄内》体现了其知行合一、大道治家的儒家风范。

自从马上苦思卿,一个穷家两手擎。

少米无柴休懊恼,大男小女好看成。

恩深夫妇情何极,道合君臣义更明。

早晚太平遂归计,连杯共饮话离情。

身为高官权臣,尽管家中一贫如洗,经常"少米无柴",还劝诫妻子不能"懊恼",要将"一个穷家两手擎",并且要把"大男小女"好好看管,教养成才。他还认为夫妇虽有深情恩爱,也必须符合君臣之道,这样才能使"义更明"。虽无成形的家规族训,但是体现了他严格治家的追求,充分体现了吕公的大儒风范。

为官从政。吕公一生崇圣尊儒,为官也处处按照儒家礼制行事。治理景州蓨县时,"刻孔子像,命社学祭祀"。根据人们实际状况分配任务,奖罚分明,调动民心,开垦田地,以农为本,以人民生计为本。比如,平民差役分为三等,平均其徭役;每年春季开犁,对植树养畜勤敏者,赏以农器;不孝顺父母、不友爱兄弟、不参加生产劳动者,罚他们服役。执政以民为本。天历年间因为要用兵,早做筹划,预先向县中的富户借贷了银钞,开始制造军械。后来战事开始也能按部铺陈,并没有打扰普通百姓。为官敢为应为之事,不为不应之事。吕思诚被提拔为翰林国史院检阅官,不久又迁为编修。元文宗传旨想取当时正在编写的国史阅览,手下人就要把装史书的书柜抬去,国史院正副院长等无人敢劝。吕思诚位在同僚之末,却敢于跪下说:"国史记载当代人君的善恶,自古以来的天子都是不看的。"元文宗听闻此话也就不要求看了。吕思诚出任广西肃政廉访司佥事,巡察各郡县。官员中有一个人,仗势鱼肉百姓,怕被发现,暗中遣其子在途中迎接吕思诚,想买通吕思诚,吕思诚断然将其逮捕,并揭发其全部阴谋,严惩其罪,全道受到震动。出任浙西,当时的南台御史大夫,与江浙行省平章不和,鼓动吕思诚弹劾,吕思诚说:"我是天子的耳目,不是台臣的鹰犬。"不理会其鼓动。但是后来得知江浙行省平章贪污受贿,百姓怨恨丛生,吕思诚又毫不犹豫上奏其罪,使其流放海南。他还采取措施倡导和激励诚信的民风。比如,有些狡猾的百姓以篡改姓名来获得职田的享用权,被吕思诚坚决加以清除。有一次天旱,一道士持青蛇声称自己是卢师谷小青,是龙,祈祷即可下雨。吕思诚因他迷惑众人,杀了蛇,驱逐了道士,随之也下了雨,有了丰年。

传文著述。吕思诚不仅关注冠山上书院的发展,而且积极推进民间文化的普及和风俗的养成。如吕思诚撰写的《赠承事郎同知平定州事赵公墓碑铭并序》《吕氏先茔表》等,言辞恳切,感人至深。平定一带还留存着吕思诚诸多歌咏故里的诗篇,也备受推崇。如《五渡河水磨诗》中"满塍曲屈水淙淙,喜听箩声自击撞。笑我贫家无麦垄,看君高堰筑桃江",展现的是桃河岸边五渡村百姓生产生活的动人场景。又如《洞云歌诗碣》中"洞云洞云云何深,洞云出洞云无心。洞深敛云入洞去,踏破虚空不可寻"描绘的则是大自然造化的神奇景观,令人好奇和神往。此外,他撰写的诸多碑刻墓表,也都闪耀着道德光芒,且颇具文采,为后人所称颂。吕思诚为本地的望族写过许多墓碑墓表,却没有为自己家留一丁点墨迹,足以显现其高风亮节。吕思诚去世后获赠齐国公,谥号"忠肃",葬于平定城北三岔口。据张震文先生《元代劲拔之臣吕思诚》一文引述,如今在冠山崇古书院北侧,有一尊巨大的赑屃驮着半截残碑,这就是从吕思诚墓地迁过来的文物。吕思诚不仅有《介轩集》《两汉通纪》《正典举要》《岭南集》等名著传世,《平定州志》等文献还收录了他写的《重修丰济王庙记》《灵瞻王庙碑》《重修昭济圣母祠记》《嘉山灵源祠》《游嘉山》等乡土诗文,这些都对后世文化发展产生过重要影响。

2.淳正自持、为学入仕的乔宇

明代中期,乔宇与王琼、王云凤有"河东三凤"之名,其中以乔宇品学、政绩最高,声名最盛。乔宇与冠山的书院渊源深厚,有关的史实、典故至今流传。他一生历事四朝,政声卓著,四十年的为官生涯中始终保持着对政治理想的追求。

乔家世代博学尚儒,以孝悌传家,并最重政事。几代都刻苦求学,求仕报国,历代祖先中皆有政绩卓著者。其先祖为官者仁心保民,没有入仕者就盘桓乡里教授儒学,为人皆慈心宽宥,仁播乡梓。彭时在《乔侍郎神道碑》中记载:"曾祖……尝出粟万余石赈饥,乡民感其德相率偿之,悉不纳。"①曾祖乔鉴为县主簿,体念民心,颇多惠政。祖父乔毅督理漕运时亲率仆夫疏浚,后又随祀山陵,卒于任上。父亲乔风更是恪尽职守,在广西时,冒雨昼夜兼程驰传边报,以致积劳成疾,卒于任上。良好的世德家学,对乔宇的立身、事功和治学都产生了积极影响,使他始终保持崇礼尚儒、淳孝友善、刚正自持、正气敬业的品质。比如,有一次,天子巡视至南京,下诏让百官正装朝拜。乔宇不能抗旨就率领群臣前来朝贺。跟随天子来的江彬索要城门的钥匙,乔宇说:"一城守备要非常严谨,钥匙怎么能随便给人呢?谁敢给别人呢?即使是天子下诏,也不行。"江彬假称有圣旨一再索要,乔宇正言拒绝多次,江彬得不到钥匙就弹劾乔宇。当时的守备王伟做过皇帝伴读,所以皇帝从中调护,因此江彬的阴谋没有得逞。皇帝在南京待了九个月,劳民伤财,乔宇带领众臣数次请驾回銮,让皇帝离开了南京。

乔宇的主要诗文见于《乔庄简公集》,共十卷,现藏于南京图书馆。其中的诗赋、奏疏、杂记、碑铭反映了乔宇的个人修为和从政理念。比如,乔宇的《拟古东门行》表达了其视民如伤、救世化俗的政治操守与理想追求。

先声传乡落,惊骇如蜂屯。

贫者散四方,富者潜近村。

实恐定名字,代代贻儿孙。

①《平定州志》(光绪十八年刻本),第522页。

且如老夫身,数口居颓垣。

驱驰已两日,尚未饱晨飧。

计穷托芑苴,或可通寒暄。

以兹聚我众,供用塞祸源。

我闻重凄恻,背若芒刺扪。

看到如此民不堪命的景象,乔宇沉痛忧愤至极,他认为这种现象的根源是贪官污吏的欺上罔下,不遵圣训,肆意妄为,以致政教失修,民风浇薄。世代受到儒家教化的政府官员不可能将批判的矛头直指封建统治者或者整个封建制度,但是乔宇的民本情结已经十分难能可贵了。《王舜耕牧牛图二首》中一句"但愿公家少诛求,年年租税无逋负"更是与杜甫《茅屋为秋风所破歌》中对劳苦民众的悲悯情怀有异曲同工之妙。

乔宇在《陈愚见以广圣聪疏》中写道:"伏愿正心穷理、节用戒游、日接贤臣、讲求政理,自宫闱之近,达诸天下之远,推行有序,化道无遗,务使一民一物,无不与被尧舜之泽。"一篇奏章中数次出现"民"这个字,对底层百姓的衣食用度时刻挂怀于心。他认为,对于边民,应当体恤,因为大同府所属应州、山阴、马邑等州县百姓"无园林桑枣之利。虽有田亩耕种,所获不多。况又连年黠虏深入,侵扰禾稼,抢掠人畜,民不聊生"。希望皇帝能够"怜念边民疾苦。特敕该部……宽一分则民受一分之赐矣"。对于守卫边关的军队,应当厚待,因为大同、宣府二镇"军士不时调遣冲突,风沙、辛苦万状"。而"近年以来,法度宽弛,所在官司诛求剥削之苦,日甚一日……士卒寒心,威武不振……民物萧条可为恸恻"。希望"皇上矜怜边军穷乏,时敕彼处抚按官,务以爱养士卒为重,严戒一应官员旗甲人等,不许侵扣冒支军士月粮……参奏重为处治"。如此云云,无不认为"国家以民为本,百姓之足与不足,盛衰系焉",务必"挽士风而趋于正,百姓亦得沾实惠矣"。如此心系百姓,忧国忧民忧天下的好官可谓深悟儒家从政之精髓,并且身体力行,堪称君子。

3.家国天下、地理史家张穆

清代张氏与平定、冠山和其书院关系密切,张穆祖父张佩芳曾任安徽歙县、合肥县令,寿州、泗州知州,博史通经,纂修过《歙县志》《黄山志》。父亲张敦颐曾任殿试收掌官。特别值得一提的是,张穆对于西北边疆地理和蒙古史的研究有开创性的贡献,对后世的文化影响值得注意。张穆(1808—1849),初名瀛暹,字石舟,穆之,亦字石州,号殷斋。祖籍山西平定古州,后迁居平定大阳泉村。他是爱国思想家,更因为爱国展开了边疆地区地理和历史研究,成为近代具有开创性的地理史学家。

儒家传统的家风熏陶和孝亲观念使张穆具有典型的家国天下理念。张穆自幼聪明,却命运多舛,11岁丧母,13岁父亲在升任福建正考官途中,暴病逝于海面舟中。其后由继母李氏抚养。继母善良端静,对张穆极爱怜。张穆垢裾败絮,壅塞盈笥,继母初至即为浣濯缝纫,使他重新获得了母爱。继母立志把张穆抚养成才,遂持长斋,终身不复肉食。张穆对继母也极孝敬。张穆16岁时,继母请了浙江萧山师爷吴实教其读书。继母对他的学习要求甚严,夜夜让他执卷旁诵。张穆学业大进。他19岁时,继母为其成婚后,因操劳过度,溘然长逝。这突如其来的打击,压在张穆的心头,使他拊膺呼天,痛哭流涕。

张穆通五经六艺,精训诂、天算、舆地之学,少年时代就留意边疆地理和民族问题。张穆的三嫂即专攻西北舆地之学的祁韵士的女儿,耳濡目染,受到影响。他喜欢诸儒学案,重辨章学术之流变。道光十二年(1832),张穆以优贡考入正黄旗教习。道光十九年(1839)应顺天乡试,入试场时,他带一壶酒,监考吏让他放下。他提起酒壶喝了许多,便把酒壶扔掉。监考吏大怒,便下令打开他的行李,只翻拣出纸墨笔砚,一无所获。张穆拍着肚皮说:"这是我的书箱,夹带的文章全装在这里边。你们能搜出来吗?"监考吏便把他扭送到官府,诬他怀挟入场。后经辩白获释,却失去了考试机会。此后,张穆鄙薄功名,无意仕进,改名为穆,一心著述。在京城,他通过多种途径,结识了龚自珍、魏源、何绍基、徐继畲等名流。鸦片战争中，他曾抱着爱国热情，上书言事，奔走呼号，联络在京友人，通过纪念顾炎武的活动振奋人心。此后，他本着张扬国威、抵御沙俄侵略的目的，致力于西北边疆地理和蒙古史的研究。鸦片战争后，海疆多事，四方兵革水旱，张穆闻之殆废寝食，像亲身经历了其艰；天下多故，农桑盐铁，河工海防，民风士习，他常殷殷以之为念；张穆痛感民族危机之严重，讲求经世致用之学，认为"实学即奇才"，应适用于民用，以图民族自强；他认为民心可恃，一旦有事，全民皆兵。因对权贵不满，谢绝举子业，"左图右史，日以讨论为事"，一意著述。点校书籍，以精审称道，各书肆争相刊刻。

张穆一生著述很多，代表作是《蒙古游牧记》，全书16卷，考据精确，对蒙古各部落的历史、山川、城堡等都予以详细的记载，对于研究蒙古各部落的历史、满蒙关系史，以及西北各地的历史地理具有极为重要的学术价值。他用地志体例，变通创新，分辨了蒙古各部落的方隅，按蒙古各盟旗为单位述其道里四至，就各部落所在地辨方纪事，考古鉴今，考察其社会风俗沿革以及历代北方各民族的交往关系。整本著述资料翔实，考证精审，填补了辽、金、元三史之缺。在这以前，从未有过蒙古史和西北史地研究之专著。全书16卷（山西省图书馆有清同治元年寿阳祁氏刊本），作者生前未能写完，逝后由其友人何秋涛整理校订，并对后4卷加以补充，历十年才完稿，于咸丰九年（1859）付刊。张穆在书中对当时发生的边疆问题，一改过去史书忽略近现代的倾向，这一研究思路的转向对于当时和后世史学研究影响极大。此书刊行不久，就受到国内外汉学家的极高推崇和珍重。19世纪60年代后期，沙俄驻北京的卡法罗夫就注意到它的价值，率先译成俄文。英国蒙古史权威巴德利与法国汉学家伯希和都在其著作中高度评价了此书。时至今日，该书还是权威名著。因为爱国情切便著此传世佳作，张穆的才华与境界同样让人倾慕。道光二十一年（1841），他还从《永乐大典》中绘出一幅《元经世大典西北地图》，送给魏源。魏源将其编入《海国图志》之中，其历史影响可谓深远。

4.乱世中始儒终道的傅山

傅山是山西太原人,他的青壮年恰好是明亡清兴的几十年。在此期间他曾多次游访平定冠山,在山上书院居住,并联络当时名士,商讨反清复明大计。顾炎武极服其志节。后又拒为清廷效力,潜心学问,是位博学之士,可以说医学、儒学、佛学、诗歌、书法、绘画、金石、武术、考据等无所不通,且皆有著述。与顾炎武、黄宗羲、王夫之、李颙、颜元一起被梁启超称为"清初六大师"。

傅山提倡的"经子不分""经子平等"思想开一代风气之先。其研究、批点诸子著作之多、内容之广泛,在中国古代学术史上是少见的。但是由于对外族统治的不满而不愿入仕,傅山自觉继承了道家学派的思想,因而最能体现其思想风貌的首推对庄子的研究。他自称老庄之徒,也在很多场合与作品中反复强调"老夫学老庄者也""我本徒蒙庄""吾师庄先生""吾漆园家学"。对老庄的"道法自然""无为而治""泰初有无""隐而不隐"等命题,都做了认真的研究与阐发,对道家传统思想做了发展。傲骨凛然的傅山一生特立独行,对于经典、名士、权贵时有贬损、讽刺之语,独独对于《庄子》大加褒扬,奉为至论,可谓达到痴迷的地步。其留存的诗文、杂记、批语中屡屡言及庄子。庄子的思想既是其精神的引领,又是其心灵安顿之所在。他推崇庄子的天地之"情",主张人应当以"游"的姿态来应对"是非",主张求"变"、生"异"的政治倾向。对于老子之学他也极为推崇。他还说:"三日不读《老子》,不觉舌本软。畴昔但习其语,五十以后,细注《老子》,而觉前辈精于此学者,徒费多少舌头,舌头总是软底。何故?正坐猜度,玄牝不着耳","吾庄翁所谓绪余可以为尧舜者也"。这些都是他思想的体现,也反映了当时政治社会环境对其思想的深刻影响。

身为道家思想传承者的傅山,学术和做人都紧追当时的进步思潮,尤其是前半生明朝未亡之时,他的思想带有强烈的进步倾向。他称道那种具有革命精神、不重视理学的倾向,欣赏被统治者视作洪水猛兽的李贽的学术思想和刘辰翁、杨慎、钟星等节高和寡之士的文风。

对明末的政治腐败、官场龌龊,他有清醒的认识。清军入关后,傅山一反一般学者以经学为中心的研究,而是独辟研究子学的路径,冲破宋明以来重理的羁绊,开拓了新的学术研究领域,成为清之后研治诸子的开山鼻祖。至于傅山的诗赋,则是继承了屈原、杜甫以来的爱国主义传统,主张诗文应该"生于气节",以是否有利于国家和民族为衡量标准。从他一生的行迹也能看出其道家的特点,为人为学本于真性真情、自由自在,反对权威主义、教条主义。因此,他极其憎恶"奴儒"为人为学的"奴性",认为"若奴人,不曾究得人心空灵法界,单单靠定前人一半句注脚,说我是有本之学,正是咬齰人脚后跟底货,大是死狗扶不上墙也",并由此而极力批判当时所谓上流社会是非颠倒的假仁假义。傅山一生不得势也不愿得势,一生不得志也不愿得志,以穷尽人伦物理为天职。傅山一生著述颇丰,可惜所著宏论,大都散佚,只存书名和篇名。

(二)古迹遗存中的文化

1.楹联中的文化

冠山上的楹联题刻极多,如冠山戏楼石柱楹联"传五万里人情多少奇观廿二史,绘四千年物色分明俗说十三经",吕祖洞楹联"境接山林余韵,檐飘海岛灵风",夫子洞的"于此寻孔颜乐处,超然得山水真机",还有牌坊亭榭题刻"科名焜耀无双地,冠盖衡繁第一州""雨过冠山举县兴学泽万世,霞照红楼全民助教耀九州""德馨""凝秀"等。崇古书院联曰"洞口三三,此地宜弹琴鼓簧;虬枝两两,其中可翔鹤游麟",槐音书院联曰"东壁图书储汉魏;西园翰墨染梁陈",夫子洞联曰"于此寻孔颜乐处;超然得山水真机"。联中皆有典故,《诗经·小雅》"伯氏吹埙,仲氏吹篪","篪"为雅好,"麟"是瑞兽,表达了当时知识分子向内追求风姿高洁,向外则寻求入世从政实现抱负。《晋书·天文志上》有"东壁二星,主文章,天下图书之秘府也","西园"为汉上林苑别称,为贮存翰墨之处。两联一下子就把书院功能和价值展现出来,即藏书养墨、静心读书写作之处。而"汉魏""梁陈"借指文人名士频出、学术繁盛之时,表达了对当时冠山书院教育的信心,也反映出当时书院教育活跃学术氛围、培育人才的强大作用。夫子洞联更是将书院文化的价值根源描述得入木三分。何为"孔颜"之乐?《论语·述而》这样描述孔子:"其为人也,发愤忘食,乐以忘忧,不知老之将至。"学习和教学是孔子最大的快乐,让他都忘记自己变老了。书院就要实现这样的功能,让学子抛开一切世俗纷扰,醉心致知;让老师不受外在事物影响,一心授教。各在其位,各尽其责,正是君子之中道。颜回之乐,人们更是耳熟能详,《论语·雍也》载:"贤哉,回也! 一箪食,一瓢饮,在陋巷。人不堪其忧,回也不改其乐。"颜回堪称古今儒生之典范,为人谦逊好学,"不迁怒,不贰过"。他异常尊重老师,对孔子无事不从无言不悦。孔子赞其最多,不仅赞其"好学",更称其为"仁人"。孔子称赞颜回具有君子四德,即强于行义,弱于受谏,怵于待禄,慎于治身。颜回之乐就在读书求学格物致知之中。书院文化倡导的就是如此高洁的精神境界,不如此无以修身,更谈不上齐家治国平天下。向先贤圣人学习,学经典求知识,向自然学习,存敬畏规言行。"超然得山水真机",只有跳出物质世界,不再受制于物质欲望的束缚,才能如一花一木般自在于生态系统之中,才能领略自然之美,感受人与自然和谐一体,从而用大智慧和整体思维来领悟儒学真谛,传播和践行儒学。

2.石刻中的文化

随处可见、散落林间的巨石镌刻是冠山上书院文化的独特呈现,"云中坐论""心目豁然""达观""龙惊""礼周瓢饮""兆我生徒""仰止""静修""远尘""白云深处""仰之弥高""英雄进步",留下了冠山古代学人儒士的心路。"达观"一是说遍览、纵观。《书·召诰》:"周公朝至于洛,则达观于新邑营。"一是说豁达,胸怀宽广。陆云《愁霖赋》:"考幽明于人神兮,妙万物以达观。"一内一外,向内修心以明朗,向外求知以丰盈,正是儒家内外兼修的追求。"仰止"语出《诗经·小雅·车辖》"高山仰止,景行行止"。司马迁《史记·孔子世家》专门引以赞美孔子:"《诗》有之:'高山仰止,景行行止。'虽不能至,然心乡往之。"此处石刻"仰止"

石刻组图

就是直白地表达了对先师孔子的景仰，明确地提出了书院教学的目的，就是追求达到圣人先贤的要求，哪怕不能达到，也要全心全意地去追求。求其上，而得其中，若只求其中，或可得其下，就没有境界和追求了。可见，当时冠山的师生对自己有较高的要求，这也是冠山文化得以绵延的根源。"仰之弥高"语出《论语·子罕》，颜渊喟然叹曰："仰之弥高，钻之弥坚，瞻之在前，忽焉在后。夫子循循然善诱人，博我以文，约我以礼，欲罢不能，既竭吾才。如有所立，卓尔，虽欲从之，末由也已。"颜渊表达了对于孔子之道的赞叹，此处石刻仍然表达对先师的景仰，并借颜回事迹表明冠山师生之心迹，那就是要努力攻读，深入研究，力求达到极高水平，不负先师教诲。"礼周瓢饮"同样表达了对孔子"克己复礼"的颂扬与赞同，对儒家弟子应当追求的精神境界的认同。其他石刻内容莫不表明静心修习、钻研学问、摒弃世俗、精进至善的精神，反映出冠山书院绵延不绝的精神内核与不竭动力。

3.碑记中的文化

《平定州志》载："山上多唐人、宋人题咏。"冠山上有记事碑，如《迁址重修科名坊碑记》《重修资福寺真武庙碑记》等；有兴学碑，如《新建高岭书院记》《崇古冠山书院记并铭》《重修冠山槐音书院记》等；有文艺诗词碑，如乔宇的《雪中访左丞吕公书院旧址》、孙毓芝的《玄秘塔五言词句》;有画像碑,如夫子洞里的《孔子周游列国》石刻,文昌阁、吕祖洞里的画像石刻等。值得一提的是《雪中访左丞吕公书院旧址》诗碑,系明代嘉靖年间乔宇亲自书撰,字体刚劲饱满,气势恢宏,是诗碑上品。清代嘉庆十三年(1808),由孙毓芝摹于石上的《玄秘塔》总共十六方,镶嵌于冠山崇古洞壁上。它是唐朝著名书法家柳公权的代表作,写于64岁,字体刚劲中含有秀润,圆厚中透出锋利,内敛外拓,干净利落,确是上乘之作、书法珍品,存于冠山,实为幸事。

　　碑记中明清遗物居多,乔宇《孔子洞记》中曰:"况礼以义起,因山之石以凿洞,厥工亦不费,太守君取义于此,可谓探本于众人之所未知,而用力于故典之所未备者,有裨于后学大矣。"①这段话中体现了知行合一的儒家精神,其中礼以义起,正是儒家礼之根本,所谓克己复礼,义为个人德行的重要部分,因为有义在心,所以要修建夫子洞。同时,孔子当年就倡导,既要注重礼制,又要精简形式,不要在一些仪式中浪费财物。《论语·学而》中,孔子倡导"制俗以俭,其弊为奢"。因此,新修夫子洞就地取材,也不大费周章,只是让学子们有了明确的圣人画像可以做榜样,与佛道之学区别开来。这样不仅从学理上体现了儒家理念,而且在行动上让后辈师生有所获益。白镒《孙氏石洞肖像记》中曰:"夫道,以中为至;学,以圣为极。……学之者读其书、观其容、致其敬、求其心,由颜曾之地以追孔子之极,斯为道之大中,学之大成。"此记不仅为儒生学子确立了学习的终极目标和修习楷模,而且指出了儒学的原则,即致中;学习的过程,即读书,并向内心求,树立远大目标,成就大业。求其心,有了明显的陆王心学的意向,可见当时冠山书院的教学内容也是与全国同步、与时俱进的。白金《新建高岭书院记》中曰:"聚书万卷,雠校其间,严规护以导迪子孙,立文会以旁招才隽。暇则一筋一咏,纶巾野眠……"又曰:"自夫仕者有俗吏也,而后明道修身之体微。自夫有腐儒也,而后接物济时之用疏,圣人内外合一之道

_____

①《平定州志》(光绪十八年刻本),第380页。

果若是乎哉!"反映出当时冠山上高岭书院的盛况——藏书万卷,院规严格。并且体现了书院自由闲适的特点,经常召开以文会友的研讨与辩论,在争鸣中解决疑难,精进学问;闲暇卧于林间,轻摇羽扇,在静心思考中让头脑焕发灵光,有所创新。此种状态真有魏晋之风,无怪乎平定文脉绵延,文蕴深厚。

平定师范有一藏碑,文曰:"勿谓一言可轻也,须知有前后左右之窃听;勿谓一事可忽也,须知有身家性命之关系;勿谓一念可欺也,须知有天地鬼神之鉴察;勿谓一时可逞也,须知有祸福子孙之报应。"这是惠吉类格言,于崇祯戊寅年(1638)由宋贤书,道光庚子年(1840)知州文光刊。这类格言以金科玉律之言,做暮鼓晨钟之警,即用圣贤先哲的至理格言来鞭策启迪学子,学习做人的道理,树立远大的人生志向,努力进取,长大以后成为于国于家有用的人。还有一块藏碑为《论诗三十首》,《论诗三十首》是元好问以诗歌的形式阐述诗歌理论的作品,是他作为诗歌评论家的代表之作。书院将《论诗三十首》刻碑,不仅说明书院山长对元好问的推崇,也让人联想到当时浓郁的学习氛围。碑文于乾隆三十五年由梁国治书,知州吴炳刊,更显出此碑极受重视。吴安祖《重修冠山书院碑记》中曰:"亲师取友有其地,赏奇析疑有其人……无孤陋寡闻之虞,而得收攻错切磋之益,相观而盖争自琢磨,日进庸可量乎。"又曰:"异日经术湛深,明体达用,出则为国家栋梁,处则为当代名宿,是余之所望也。"同样描述了书院聚贤共进的美好意境。难得的是,此时清朝书院官办已成常态,平定书院却仍有这样的自由学术氛围。从碑记中可以充分看出儒家经世致用的价值指向,出则为国家栋梁,入则为当代名宿,此句让人联想到孔夫子率弟子周游列国,游说各国君王采纳其政治主张的情景。孔子在鲁国做到了大司寇,并且将鲁国治理得安居乐业,经世致用始终是他一生的追求。因此,真正的儒学教育一定不是读死书,死读书,而是学以致用,用自己的品行学识影响更多的人,也不是追求功名利禄、光宗耀祖,而是进入政界,用自己的政治见解为人民幸福和国家富强出力。

四、结语

"相较于法律和政治,道德/伦理更能彰显人类自身的意志自由;相较于宗教神学,道德/伦理更能确保康德所说的属人的自由尊严。"[①]这样的文脉延续使一方地域内的人有获得自由的可能,并通过辐射和传播影响更广阔的社会领域。《礼记·大学》指出了儒学修炼的一条通达之路:格物—致知—诚意—正心—修身—齐家—治国—平天下。从对冠山上与州城内书院文化的分析中可以看出,书院作为儒学发展的重要载体从形式到内容都遵循这样的思路,其中修身即培养高尚的道德情操是核心环节,这一点对当今儒学的发展有重要的启示。

---

① 万俊人:《美德伦理的西方镜像与中国视差——江畅〈西方德性思想史〉唱序》,《道德与文明》2016年第4期。

本章附录

平定冠山与州城书院沿革图表

冠山上	州城内
宋徽宗年间(金天会年间), 吕思诚先祖创建冠山精舍	
元世祖年间,下冠山立书院令, 为官办书院的开端	
元至正五年至十六年,左中丞吕思诚 建吕公书院	
	元代,李思恭建李氏书院
	明宣德十年(1436),夏廷器建石楼书院
明弘治十一年(1489),平定知州吴贤 建名贤书院,1498年山西布政司左参 政汪藻重修	
明嘉靖九年(1530),太守孙杰建高岭 书院(上书院),有遗存	
清乾隆年间,郡人张佩芳等捐建槐音 书院(下书院)	清乾隆十六年(1751)知州王祖庚建榆 关书院;1765年,知州陶易易名并扩建 嘉山书院;1768年,易名千树堂;1785 年,学使戴衢亨扩建并正式命名冠山书 院
1806年,奉直大夫孙裕建崇古冠山书 院,有遗存	
	1903年,冠山书院改为平定中学堂,为 当时山西七所新学之一,旧址尚有遗存

第三章　平遥超山书院及其思想文化价值

　　平遥,这个有着2700多年历史的古城,很早就有庙学存在,但书院在平遥的出现却晚至明代嘉靖初年。平遥的书院在四百多年的变迁中,由于政治、经济、文化等各方面的原因,起起落落,时兴时衰。直至以"超山"冠名之后,平遥的书院在强劲崛起的当地商贸业中得到充足的动力,很快进入黄金期,为当时平遥商贸业及社会文化的繁荣与发展提供了人才方面的有力支持,产生了积极的社会影响,留下了精彩的篇章。以超山书院和其杰出山长徐继畬为纽带,顺应当地经济、社会发展的强烈要求,在短时期内形成了一种独特的官、学、商良性互动的社会运行机制,旋即又为晚清动荡的局势所阻断。超山书院既见证与推进了平遥作为商业城市最后的繁华,也体现了在当时的社会历史背景下,书院及其山长所代表的文化,商业与商人所代表的经济,在政

平遥超山书院

治力量面前的脆弱性,既为那个时代做了一个小小的脚注,也为人们认识平遥商帮和整个晋商兴衰的原因,提供了一个独特的视角。

一、超山书院的位置及其文化内涵

超山书院,从位置上看,是平遥文庙的重要组成部分,位于平遥古城东南角,具体为平遥文庙中轴线的第四进院落中,明伦堂和尊经阁之间的左右两个小院。在以儒家人伦道德为主导的社会里,文庙具有无可替代的社会教化及文化传承功能,而文庙的建筑结构则与文庙的功能相呼应,被赋予相应的文化内涵。书院在文庙中的位置,即体现了其在当时社会中的功能与地位。所以,了解平遥文庙的建筑结构,不仅能了解超山书院的位置,也可以明了其在当时平遥社会文化生活中的地位与作用。这也是超山书院与一般书院不同的地方。

平遥文庙创建于唐贞观初年,是我国历史上较早建立的县级文庙,规模宏大,规制齐全,特别是其大成殿为"金大定三年(1163)重建,至今保持原貌,是我国现存各级文庙中历史较为悠久的殿宇,是全国文庙中仅存的金代建筑"①。它与平遥古城东南角的魁星楼、文昌阁、云路坊组成平遥的文系建筑群,与之相邻的平遥古城南大街被命名为文庙街。以文庙街为中轴,文庙与城西南的武庙对称,形成左文右武的建筑格局,体现了平遥古城深厚的历史文化底蕴。

坐北朝南的平遥文庙,与遍布全国各地的孔庙的建筑布局大体相同,最南端被称为外门的是"棂星门",门

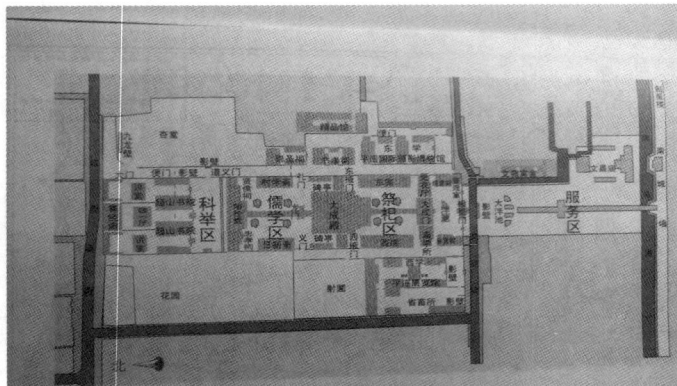

平遥文庙平面图

---

① 董培良:《平遥文庙》,山西经济出版社,2004,第1页。

内是文庙中轴线建筑群的第一进院,正中隔着泮池和状元桥,同文庙的二进门——大成门相对。相传,棂星门,原名灵星门。灵星即天田星,原为管天田的神。《后汉书》记载,汉高祖祭天,命先祀天田星。北宋仁宗年间,在祭祀天地时建造了灵星门,之后又将灵星门移用于孔庙,意即要以尊天的规格尊孔。后人依据其形状如窗棂,遂改为棂星门,并逐渐演化为文庙中轴线上的牌楼。

以棂星冠名文庙的大门,可谓将孔子抬到与天相齐的地位,视孔子及其所创立的儒家,在中国具有天一般神圣的功能和作用,而它实际上的用意则是要把天下文人的思想与德行都汇集于此,统一于儒学的棂星门下。可见,棂星门,是整个文庙的灵魂之门。

穿过泮池、状元桥和东、西厢房的名宦祠和先贤祠,看到的是大成门。大成门在北宋初年仍被称为仪门,宋徽宗崇宁三年(1104),诏令全国改文宣王殿为大成殿,意为集古圣先贤之大成,大成门因此而得名。大成门为五楹加廊建筑,左侧是更衣室,右侧为斋宿所,供祭祀时主祭官食宿之用。大成门之后为文庙中轴线建筑的第二进院,即文庙的正院大成殿。整个大成殿的建筑装饰,可谓极尽雄壮威武,尽显孔子及其开创的儒学"圣集大成"的神圣形象。大成殿神龛上方悬挂着清咸丰元年御书"德齐帱载"的巨大金匾,神坛正中端坐孔子的高大塑像,两旁龛中为"四配"(左侧为复圣颜回、述圣孔伋,右侧为宗圣曾参、亚圣孟轲),坛下两侧为"十哲"。除此之外,最值得一提的是清王朝历代皇帝为大成殿御书的匾额:

康熙二十五年御书"万世师表"

康熙三十三年御书"至圣先师"

雍正三年御书"生民未有"

乾隆三年御书"与天地参"

嘉庆四年御书"圣集大成"

道光元年御书"圣协时中"

咸丰元年御书"德齐帱载"

同治三年御书"圣神天纵"

光绪七年御书"斯文在兹"①

凡此种种,清代皇帝对孔子的溢美之词可谓代代有加。可见,清朝皇室虽然是少数民族统治者,却清醒地认识到,要想牢固维护自己的统治地位,必须大力提倡儒家伦理道德,使孔孟之道成为全国上下共同遵守与维护的核心价值。大成殿的东西庑殿则分别供奉了74和73共147位先贤,目的在于以他们在儒学和仕途方面所做出的成就,时时鞭策和激励后来者刻苦修读,做合乎儒家伦理规范和道德标准的人。这既是儒家经久不衰、代有发展的原因,也是历朝历代巩固和维护其统治的良方。

大成殿之后是文庙中轴线建筑群的第三进院——明伦堂,中间建有龙门坊,寓意学子们鱼跃龙门,连中三元。明伦堂又称彝伦堂,是官方用以强化儒家所规定的君臣、父子、夫妇、昆弟、朋友等人伦的殿堂,也是向生员灌输儒家伦理道德的讲堂。为了强化正面教育的效果,在明伦堂的侧面还立有1652年由顺治皇帝颁发的"御制晓示生员"卧碑,一方面用来训诫士子尊敬师长,勤勉上进,发奋求学,以便将来成为国家的栋梁之材,同时也用来禁止生员干涉词讼及妄言国家大事。明伦堂的左右分别是贤侯祠和忠孝祠各三楹,东西两庑则是时习斋和日新斋各七楹,用以辅助人伦教化。

穿过明伦堂即进入文庙中轴线建筑群的第四进院,也是文庙建筑群最后的院落。院的正面是敬一亭,"一"取义为"万物之本,无敌之道",以供人们祭拜。敬一亭后面是文庙内藏经书的幽静之地——尊经阁。明伦堂和尊经阁之间左右两侧各有一个小院,即组成超山书院。

我们从超山书院在平遥文庙中所处的位置,可以看出,它主要是平遥文庙的一种附属性配置,它存在的主要价值在于协助平遥文庙完

---

① 董培良:《平遥文庙》,山西经济出版社,2004,第14页。

平遥文庙尊经阁

成官方赋予的道德教化功能。超山书院从一开始就不是作为职能相对独立的书院而建立的,而是与文庙有很大关联。这一点是超山书院有别于其他书院的地方,在平遥书院创建的历史过程中也有体现。

二、超山书院的历史

镶嵌于文庙之内的超山书院,创建于清道光二十四年(1844)。它并非平遥古城最早的书院,也不是单独兴建的书院,而是在修复平遥文庙的过程中,对文庙内原有书院在增建的基础上,重新以"超山"冠名而产生的。超山书院因其著名山长徐继畬的突出贡献,成为平遥书院史上最有影响力的书院,在短短60年的时间里,为平遥商贸业的繁荣及平遥社会文化的发展,输送了大批经营管理型人才,做出了巨大贡献,在平遥的文化教育史上写下了光辉的篇章。光绪三十年(1904),超山书院顺应清末书院改制的潮流,改建为平遥县高等小学堂。

（一）超山书院的创建

平遥，早在贞观初年就创建了文庙。这是我国历史上较早建立的县级文庙，而平遥书院的创建则相对较晚。据康熙年间的《平遥县志》记载，平遥最早的书院为卿士书院，位于县城上东门内的尹公祠，取纪念周宣王时代的卿士尹吉甫最先修筑平遥古城之意。景泰元年（1450），知县石钰主持修建，更新布局，斋舍宏敞，随即延师课士。全县诸生读书其中，甚为舒畅。至明末毁于战事。①

清康熙四十二年（1703），知县王绶奉命，带头捐俸于县城南大街子夏祠附近创建书院。院内松柏参天，槐柳成荫，前堂后阁排列有序，除供诸生读书之外，还以其独特的风景，而成为平遥县十二景之一，被称作本县文教首善之地。该书院置有学田287亩，发租所在各村，所得租粟用来延师办学，后又设义学田67亩取租佃银专门收教寒门俊秀子弟。这一时期平遥县城书院与义学并举，教育事业颇有生气。但好景不长，至乾隆末年，官场腐败，僚属侵吞，农田租佃银无法保障，经费日益亏损而致使书院、义学逐渐废坠，后被改为公馆。

嘉庆二十四年（1819），知县杨霖川用平遥县为省城太原修建贡院捐资的余额1200两，外加募捐来的700两，在文庙的明伦堂与尊经阁之间修建了无门窗后壁的三间讲堂，并于明伦堂后两侧空地各建房15间，名为古陶书院，取意于平遥为古陶唐遗墟地。书院虽有讲学之地，因无束脩膏火之经费，不能延师无从招生而停建。

道光十九年（1839），知县靳廷钰邀请平遥士绅修文庙，他率先捐俸300两，士绅慷慨集资，文庙竣工，尚余9800两。众人合议决定将余款作书院经费，于是士绅们再次捐资，凑足万两，存入当地当铺，年息650两，以300两为山长束脩，300两权作生童伙食补助与杂费，50两用作每年维修。随后又仿照祁县、榆次、太谷等地的办学经验，立书院章程，实行民办民管的方法，由24位董事组成"大成社"，轮流值年，全权

---

① 王欣欣：《山西书院》，三晋出版社，2009，第137页。

管理书院事务,官署不插手书院事务。[①]道光二十四年(1844),知县陈昆玉继续扩建书院,竣工后改名为超山书院,取意为境内东南方位有超山"据一邑之胜",以"冀诸生之文章独出己见也,更冀诸生……超然于庸耳欲目之外也"[②],总之是促进平遥文星高照之意。从此,这座由官商共建的超山书院,在功能上与平遥县学合二为一。

咸丰丙辰年(1856),徐继畬受聘超山书院山长,他与诸生一起继续完善书院。"诸绅士以讲堂无牖壁,不可居,又屋少,山长不能挈眷口。遂于讲堂前后增牖壁,又于讲堂两旁增东西厢房各三间,东西厢房之北增小屋各二间,为安厨灶置薪炭之地。又以门处出路是偏坡,车马不能达,取土填筑为阔巷,中间铨砖为门,颜以版额,于是书院之规模乃大备。"[③]至此,超山书院从校舍到师资得以齐备。

设施完备的超山书院,从性质上是与县学合一的,就是说书院里面要有原来属于县学的工作人员,来承担县学的职能。从其具体的建立情况看,超山书院属于由官方倡导、由商家资助办起来的书院。从大的格局上是由知县主管书院的政治方向,商人主管书院具体运行,山长与原来县学的"两学师长"主抓教学。由于平遥商人在书院建设中贡献较大,他们在书院的运行中具有事实上的主导权,但他们也给县府和山长以充分的尊重。在商家、县府和山长三方的协商下,参照太谷、祁县、榆次等地的办学经验,超山书院建立起以下的规章制度:[④]

第一,知县为书院之"主",也就是名誉校长;"两学师长"(县学的教谕和训导)为书院的"监院",每个月定期上一次官课。膏火银,即代课补助,有定额,由书院经费中开支。老师的奖金由县署决定,由官方开支。

①董培良:《平遥文庙》,山西经济出版社,2004,第41页。

②同上,第112页。

③同上,第114页。

④同上,第41—42页。

第二,山长每月定时授课,课分大课、小课。大课一次,固定每月二十日授课;小课两次,定期在每月初八、二十八两日授课。学员如缺课两次,则扣除其膏火补助银,用于奖励山长。

第三,山长束脩,即年薪,由轮流值年的董事按季节奉送;生童的膏火补助,即助学金,由值年的学长发放,值年学长由遴选出的五位廪生轮流担任;书院内的杂费,按照值年董事制定的详细办法支出。

第四,书院章程的执行时间为每年二月至十一月,十二月至一月为假期。每月十八日为官方定期授课并考查学员的日期,按考查结果以一定比例分类给予定额奖励。生员(秀才)取超等生六名发给膏火银一两二钱,特等生六名发给膏火银八钱,童生取上等生六名发给膏火银一两,中等生六名发给膏火银六钱,以为定额。

第五,每月定期的课程,如遇授课者因公出差,或者有童生应府试、院试、乡试,不能按期接受考查者,必须向官方报告,由官方做出安排,或预课,或补课,或并课,以凑足一年十课的课时。

规章制度的建立,使得超山书院开始真正运行起来。它与县学相辅相成,为平遥及周边地区培养和输送了大批人才,为当地商贸业及

超山书院生员作业

晋商文化的繁荣发展做出了积极贡献。

(二)充足的书院经费

超山书院创建之时,正值平遥商贸业的鼎盛之际。道光三年(1823),晋商的第一家票号,也是中国银行史上第一家票号,在平遥诞生。继而平遥城里的富商豪贾们纷纷效仿投资办票号,在不长的时间里,平遥的票号就遍布全国各大城市及商埠重镇,形成了庞大的"汇通天下"的金融网络。他们还与清政府建立起密切的关系,一些较大票号,多有清廷高级官员为后台。凭借这种关系,当时的平遥票号还承担了清政府财政的部分职能,由前期以商业放款、汇兑为主,大量转向揽办军饷、协饷、账款、税银汇解等官款业务,汇兑数量和票号盈利达到顶峰。成为全国金融中心的平遥古城,财源滚滚而来。富商们富有远见地把目光投向了平遥的教育事业,既为商业的扩展提供人才方面的支持,也满足了商人们"造福桑梓,名垂千古"的人生追求,从而使得超山书院的经费有了充足而可靠的保证。

如前文所述,超山书院仅启动资金就达一万两白银,以6厘半的利息,分存全县各商号,每年利息达650两,仅此一项就大大高出了当时同级书院办学的费用。另外,平常还有些富商时不时捐银给书院。据记载:"光绪八年五月,李五玉之母二品诰命夫人李王氏捐银三千两,用助书院膏火之费。"[1]光绪六年(1880)由蔚盛长票号带头,各商号及各界人士共捐银13800多两,成立了平遥"宾兴文社",并公推20人担任董事,负责资金的管理和使用,以保证每一文钱都能用在对考生的服务和帮助上。[2]总之,充足的资金保障,使超山书院一直保持着生气勃勃的发展势头。立于光绪三十年(1904)的《子钦朱老父师德教碑》,是记载超山书院众生欢送山长朱善元(字子钦)的碑碣,里面记载着其学生中举人1名、廪生8人、增生6人、附生(自费秀才)20人、童生

---

①董培良:《平遥文庙》,山西经济出版社,2004,第43页。
②同上,第50—51页。

6人。①在书院改制前夕,一个县级书院,能有如此门类齐全、数量又多的学生就读其中,足见超山书院之繁荣。

一般来讲,名气越大的书院,对山长的要求就越高,非大儒名宿莫属。超山书院则是以重金延请一流名师而闻名的。平遥商绅从书院筹办时期,就深知书院山长作为书院的"灵魂人物",对书院的影响巨大,他们从一开始就决计要以重金延请一流名师做山长。

以下是和超山书院同时期附近几个书院给山长提供的待遇:②

从教书院(曲沃县,建于清顺治十四年,原名乐昌书院):掌教先生每年束脩120金,每月10金,月底馈送;膳仪每年60金,每月5金,月初馈送;端午、中秋、年节、寿仪等各4金。

超山书院匾额楹联

霍山书院:山长脩金通年160两,聘礼银4两,三节共银12两。

梗阳书院(在清徐,徐沟县属书院):山长脩金120两,膳金80两,聘金8两,节敬共8两。

上党书院(原潞安府属书院):山长脩金260两,聘金、贽敬各4两。

陵川书院:脩金100两,膳金60两,聘贽节礼12两。

宗程书院(原泽州属书院):院长脩金120两,膳金60两……

①董培良:《平遥文庙》,山西经济出版社,2004,第48页。
②王欣欣:《山西书院》,三晋出版社,2009,第53页。

超山书院:山长束脩、伙食银 300 两……

对比不难发现,在同级书院中,超山书院山长的待遇是远远高出其他书院的。当时对县级书院山长的要求,一般是贡生、举人以上即可,而超山书院因其雄厚的资金实力,由 20 位书院董事商议决定,所聘山长"由绅士询访进士之有品学者,禀县尊送关敦请"。超山书院历任12 位山长,不但都有进士功名,而且多有宦海经历,学识渊博,社会阅历丰富。①

梁学海:汾阳人,道光乙巳科(1845)进士。

梁述孔:定襄人,道光丙申科(1836)进士,知县。

王鼎彝:介休人,道光癸巳科(1833)进士,知县。

吴信臣:灵石人,道光辛丑科(1841)进士,知县。

赵昌业:宁乡人,咸丰癸丑科(1853)进士,翰林院庶吉士。

徐继畬:五台人,道光丙戌科(1826)进士,福建巡抚、太仆寺卿。

王丕显:五台人,道光癸巳科(1833)进士,知县。

何来福,灵石人,同治戊辰科(1868)进士,翰林院编修。

宋志濂,崞县人,咸丰壬子科(1852)进士,知县。

庞玺,代州人,同治甲戌科(1874)进士,翰林院编修。

武达材,文水人,光绪丙子科(1876)进士,知县。

王舒萼,灵石人,光绪丙子科(1876)进士,户部主事、福建司行走。

充足的经费,使超山书院能够在当时延请到同级书院中实力最强、社会影响力最大的山长。在先后任职超山书院的 12 位进士山长中,以徐继畬任职时间最长,其社会影响和学术影响也最为广泛深远。在他就任山长的近十年时间里,超山书院从校舍规模、人才培养到社会影响诸方面都走向了鼎盛。

(三)徐继畬及其对超山书院的主要贡献

平遥人民将徐继畬的塑像置于书院正中央,以表达对这位山长

①王欣欣:《山西书院》,三晋出版社,2009,第52页。

的爱戴与敬意。徐继畬以其博大的胸怀、开阔的视野,以及丰富的从政经验、广泛的社会影响和深厚的学问功底,不负众望,确确实实为超山书院的繁荣发展做出了巨大的贡献,在超山书院前后六十余年的历史上写下了光辉篇章。但我们透过书院的繁荣,从徐继畬的家庭出身、所处时代背景,他的思想境界、政治抱负、人生经历看,与其在超山书院的作为又存在诸多的矛盾,这些矛盾无疑带有那个时代的印记,也与平遥当时经济、文化、社会的发展势头及其传统有千丝万缕的联系。徐继畬既给后人留有些许遗憾,也为我们留下许多思考的空间。

1.官宦世家,清正廉明,忠于朝廷

徐继畬于乾隆六十年(1795)出生于山西五台东冶镇一个官宦世家。他自幼治科举业,学业优秀,正途封官。他牢记父亲的忠告,发扬光荣传统,克己奉公,廉谨自守,表里如一,效忠朝廷,成为晚清有名的清官廉吏。

道光六年(1826),徐继畬以朝考第一的成绩考中进士,当即被选为翰林院庶吉士。1830年服阕入京,授翰林院编修。1833年补陕西道监察御史,深得道光皇帝赏识,1836年任广西浔州知府。从此,徐继畬的仕途可谓一路顺风顺水,到1846年12月已官至正二品——任职福建巡抚兼任闽浙总督。

虽然身为地方高级官员,但他的清贫在他的上下级同僚中是尽人皆知的,以致其上级时常给他分配一些额外的工作以帮他增加收入补贴家用。他在给其堂兄的信中有如下记载:"督宪闵弟之贫也,使之兼署盐道,两月中仅得平余三四百金,而反添许多忙迫,可笑之至! 今已于六月底交卸矣。"①他曾在其《疯话偶存》一书中写道:"我由太守历封

---

① 徐士珂:《放眼看世界的先驱——徐继畬》,见任复兴主编《徐继畬与东西方文化交流》,中国
社会科学出版社,1993,第74页。

疆,外任十六年,归来一贫如洗。老病笔耕,固由缺分清苦,亦由胆气太怯,虑患太深……三次离闽,寅好送盘缠约三万金,分厘未受……任粤东桌司甫三月,擢闽藩,首府照旧规增番银四千圆(折合银二千四百两,一府六县所摊),却不受。(当地)绅士潘德畲转赠以千金,不受……初莅闽藩任,有旧属员为台湾县令,遣人渡海馈黄金二百两。我大怒……掷还其金。"①他文中所说,本来是原属地出于人之常情而赠调离者的路费,这本属于一种礼节性馈赠,而且各地已经形成惯例,却都被他谢绝了。徐继畲的这些做法于公于私可以说都已经到了近乎绝情的地步。

徐继畲的清廉,是三世相承的。他的祖父与父亲都官至五品,而不置田产,"至其任巡抚时家产唯有小院一处,院内十余间石灰抹顶的平房,寒酸如中农之家"。②他的祖父与父亲都曾是有名的清官。徐家三代清廉、一脉相传的事迹,一方面说明家风与家规对一个人的影响是很大的,同时也说明,即使在封建专制帝制面临内外交困的清朝晚期,忠于朝廷、为政清廉的风气依然存在。徐继畲的清廉,可以说是其忠君思想的一种表现。后来离开仕途的徐继畲,始终保有对大清皇朝的赤胆忠心。在他罢官回归故里之后,仍然奉朝廷之命,风尘仆仆地奔走于三晋大地,募集资金,组织民团,抵御捻军。在超山书院执教的时候,仍然自认为是"笔耕求活"的"贫宦",或"不知黜陟,不问理乱"的"林下高人",其心头眼底总有"死不瞑目"四字,念念不忘"效一喙之忠"。③可见,徐继畲出任超山书院山长,只是他仕途受挫时的谋生手段。所以,他在其长达十年之久的

---

①任复兴:《直针君德砥砺廉隅》,见任复兴主编《徐继畲与东西方文化交流》,中国社会科学出版社,1993,第477页。

②同上,第476页。

③徐士瑚:《放眼看世界的先驱——徐继畲》,见任复兴主编《徐继畲与东西方文化交流》,中国社会科学出版社,1993,第80页。

山长岗位上,"确实只从事八股文的教学"。这看起来是"其教育思想中有着保守、落后的一面"①,实则是其忠君思想的体现。因为教授这些"代圣贤立言"的八股文,其根本目的在于引导学子们的思想,以维护和巩固朝廷的统治。即使在同文馆时期,"他也极重视学生的思想是否纯正,行动是否合乎封建礼教的人伦要求"②,强调同文馆考生一定要"正途出身",因为"正途人员,诚以读书明理之士,心存正大",不至"为洋人引诱,误入歧途"。③总之,无论是他的为政清廉,还是热衷于八股文、筹办同文馆,根本上所体现的是徐继畲忠于朝廷及崇尚仕途的价值理念,而且忠于朝廷始终是居于支配地位的核心理念。推而广之,正是因为官吏的清廉与忠诚,才使得清朝统治全国二百六十余年。

2.因时制宜,沟通中西,谨慎致用

徐继畲以他"所著《瀛寰志略》而在中国近代史上占有重要地位……在(19世纪)六七十年代后却成了当时中国人追求新知、力图自强的启蒙读本,对促进中国人认识世界、认识自己起了很大的作用"④。《瀛寰志略》在中西文化交流史上具有奠基式意义。美国著名学者、《徐继畲及其瀛寰志略》一书的作者龙夫威(Fred.W.Drake)则认为徐继畲是中西文化交流这块处女地的拓荒者,充当了中国现代世界观的创造者和宗师的历史性角色。⑤

中国人向来只有天下观念,历代中原王朝的疆域就是天下的范围,天下的四周分别居住着东夷、南蛮、西戎、北狄。根据夷狄于中国

---

① 张乃彬:《徐继畲的教育思想》,见任复兴主编《徐继畲与东西方文化交流》,中国社会科学出版社,1993,第433页。
② 张乃彬:《徐继畲的教育思想》,见任复兴主编《徐继畲与东西方文化交流》,中国社会科学出版社,1993,第435页。
③ 同上,第436页。
④ 任复兴主编《徐继畲与东西方文化交流》,中国社会科学出版社,1993,序第3页。
⑤ 任复兴主编《徐继畲与东西方文化交流》,中国社会科学出版社,1993,彩图插页。

则中国之的原则,中原王朝的四至逐渐扩大,也就是天下的范围越来越大,因而四夷的所在也越推越远。中国人的天下观念却一成不变,天之所覆,地之所载,就是中原王朝与四夷的共同体,除此而外,不知道有其他比天下更大的地理概念。在这样的观念之下,为了在中国求得生存,利玛窦不得不改绘他的世界地图,将中国置于世界的中央。

明清之际西方传教士未能办到的事情,鸦片战争办到了,它使中国人以切身之痛感受到世界的存在。此后,中国产生了两部具有划时代意义的地理著作,一是1843年魏源的《海国图志》,一是1848年徐继畲的《瀛寰志略》。实际上,《海国图志》并不是严格意义上的世界地理书,魏源根本没有走出天下观念的限制,只是把四夷的范围推向极致而已。"海国"二字其实就是新形势下的"四夷",以中国为天下的观念没有根本变化。《瀛寰志略》则是名副其实的世界地理图志,徐继畲客观地将中国视为万国之一,走出"天下"的阴影,进入"世界"的范围,他在书中所说的"瀛寰"就是指世界。

魏源无疑属于中国第一批睁眼看世界的先进人物,而且因其书中所表述的"师夷长技"的策略和所辑录的外国地理知识使人耳目一新,加上他的世界观能为当时最保守的人物所接受,因此他的《海国图志》一问世就受到人们欢迎。而徐继畲的《瀛寰志略》就不同了。鸦片战争的失败,使亲眼看到厦门沦陷的徐继畲受到极大的刺激,并由此而激起了他研究世界地理的热忱。徐继畲著《瀛寰志略》,从表面上看是研究地理,骨子里其实是在寻访富强之道。不过他所着眼的不是技术性的问题,而是中西制度方面的差异。《瀛寰志略》注重的是泰西各国制度上、风俗上的特殊之处,表明他对于西方国家怀有一种谨慎的致用思想与态度。

徐继畲称许英国为"欧洲诸国之冠",他颂扬美国的国父华盛顿及其亲手缔造的民主制度——"米利坚合众国以为国,幅员万里,不设王侯之号,不循世及之规,公器付之公论,创古今未有之局,一何奇也"[1]。虽然未提中国的制度，但言外之意尽在其中。所以《瀛寰志略》一出，就遭到一般士大夫的非议。就连中国第一位驻外使节郭嵩焘，这位以言论过于激进而被时人视为汉奸的人物，在读到《瀛寰志略》后，也感到该书对外国的赞美有言过其实的地方，直到光绪二年（1876）他外出为使，方才悟到"徐先生未历西土，所言乃确实如是，且早吾辈二十余年，非深识远谋加人一等者乎"。[2]《瀛寰志略》所描述的世界地理形势基本上是客观的，但当客观态度伤及人们的利益时，就会遭遇阻碍。咸丰元年（1851），清廷以徐继畬在英国人入居福州神光寺事件上处理不善为由，免去了他的福建巡抚职务。除了这个表面原因之外，恐怕当时的保守派对《瀛寰志略》怀有不满，也是其获罪的根由之一。

回顾历史事实，历史人物的是是非非得以呈现。我们可以毫不夸大地说，在近代中国第一批睁眼看世界的先贤当中，徐继畬是"第一个正眼看世界的人物"。[3]他把中国放进世界之中，放在与世界各国平等的地位上，看到了他人的长处，理解了自身的毛病。但徐继畬并不是一个说教者，他只是客观平静地把世界地理知识贡献给国人，试图使国人通过认识世界来认识自己的国家，从而发奋图强。与他同时代的魏源在《海国图志》中所传达的核心理念则是，"中国不仅在地理上而且在文化上处于世界中心的优越地位"，仍然认为中国是"天朝上国""世界的中心"。[4]"师夷长技以制夷"的提出，就其思想本身而言，重心在"制夷"，用以治内者则是传统儒学。魏源"师夷长技以制夷"的著名

①徐士瑚：《放眼看世界的先驱——徐继畬》，见任复兴主编《徐继畬与东西方文化交流》，中国社会科学出版社，1993，第77页。

②方闻：《由华盛顿纪念塔中文石碑说起》，见任复兴主编《徐继畬与东西方文化交流》，中国社会科学出版社，1993，第325页。

③复旦大学周正鹤教授在日本《中国研究》杂志元月号卷，首发长篇论文《正眼看世界的第一人——纪念徐继畬诞辰二百周年》。

④章鸣九：《〈瀛寰志略〉与〈海国图志〉比较研究》，见任复兴主编《徐继畬与东西方文化交流》，中国社会科学出版社，1993，第160页。

思想是从属于他的经世致用思想的,他的经世致用思想没有为西学留出足够的空间,他的思想尚未达到"中体西用"的高度。洋务思想及洋务运动正是对魏源经世致用思想继承与发展的结果。魏源对于西方的认识虽不及徐继畬那么高远,但他提出"师夷长技以制夷"这一著名思想,不仅得到进步人士的推崇,也没有超出当时保守人士所能接受的极限,最关键的是为官方应对西方侵略者的坚船利炮、摆脱眼前的困境指出了一条可行的路子。可以说魏源的上述思想,正是那个时代所需要的,所以,他是无愧于那个时代的"思想英雄",他做的贡献,将永远地留在中国的史册,被后人传唱。而徐继畬的《瀛寰志略》不论是它的学术价值,还是它的思想内容,都远超《海国图志》。最终,徐继畬作为政府要员,因其思想与行为太超前,得不到官方认可而沦为悲剧性人物。但他作为中西文化交流史上奠基性人物的历史地位却是无人可取代的。而且,随着全球化程度的日益加深,中西文化之间的交流越来越频繁,越来越深入,他的价值就越来越大。就此而言,徐继畬永远值得人们纪念。

3.身处逆境,发挥所长,投身教育

任职福建巡抚的徐继畬,因处理对外事务方面的一些主张和做法受到朝廷猜忌,于咸丰元年(1851)被召回北京,降级为太仆寺少卿。咸丰三年(1853)被外放为四川乡试正考官,后又再次被罢官。后奉朝廷之命,在山西老家五台、太原、上党等地襄办团练三年之久,完成了防堵捻军的任务。1855年省城绅士公荐他主讲晋阳书院,他坚谢不就。1856年初,辞归故里的徐继畬,接受了平遥商绅诚恳的延请,从此成为超山书院的山长,有机会施展他在教育方面的才能,并使超山书院在短短十年时间内名震山西。

徐继畬就任伊始,就着手与超山书院的诸位董事一起商议重新集资整修、扩建了书院的校舍及周边道路,使书院的硬件设施,从教室、宿舍,到厨房、门头及道路,一应俱全,让书院有了一个良好的环境。徐继畬主要的贡献还是在育人方面。他就任超山书院山长时期,平遥的商贸业已经崛起,他渊博的学识与山西平遥繁荣的经济相遇,如同伯乐遇上千里马。在超山书院,徐继畬招生唯贤,有教无类,治院严谨,督课认真,教育有方,使平遥低迷的教育很快得到明显扭转。据传,徐继畬执教之前,平遥人中举,几乎是去世一个举人,才能中一个举。自从徐继畬执教后,乡试、会试得中者很多,平遥超山书院成为山西省内最有成绩的书院之一。[①]1862年,徐继畬考虑到自己年纪已大,欲归故里,平遥官绅执意挽留,他继续在书院主讲三年,直至1865年5月,同治帝召其回京的圣旨下达,才离开超山书院。据记载,平遥县各界人士及诸生,为徐继畬举行了极其隆重的欢送仪式。欢送的车排成长列,徐继畬的车已经到达距平遥22千米外的祁县,后面的车还在平遥排队。在徐继畬的一再劝阻下,才只让少数人陪送其回五台。[②]

徐继畬的从教经历似乎暴露了他思想中的矛盾性。美国的徐继畬研究专家德雷克先生就曾经指出:“徐继畬在《瀛寰志略》中曾经探讨过西方自由主义的思想和制度,令人费解的是,八股文却是他的真正爱好。”[③]他在主持超山书院期间,确实较为注重八股文的教学。他专门选了32篇范文,编成《举隅集》,并作了精辟讲解,作为学生们的教材。而且每月以八股文来“大课生童”,还亲自动手写了50多篇八股文和30多首试帖诗,辑为《超山书院课程》来教育学生。[④]今天看来,八股文是一种禁锢人们思想的文体,但对于徐继畬来说,是他“少时困礼闱者十余载,于制义一途,尝耗心血”的志业,他经由这一途径取得功名,得以成就其“巡抚”大业。八股、礼教于他,既是他走上仕途的敲门砖,也是其最原始最基本的知识与技能,并且成为其做人的准则。他

---

①杨学勇:《徐继畬与平遥超山书院》,《文史月刊》2014年12期。
②杨学勇:《徐继畬与平遥超山书院》,《文史月刊》2014年12期。
③德雷克:《徐继畬及其瀛寰志略》,任复兴译,文津出版社,1990,第141页。
④张乃彬:《徐继畬的教育思想》,见任复兴主编《徐继畬与东西方文化交流》,中国社会科学出版社,1993,第432页。

接触到并一定程度认同西学之后,仍然处于八股文编织的牢笼之中。他对八股文的爱好是其从小接受儒家思想训练、从小受儒家文化熏陶的结果。他是完全认同与维护八股文体系的,即使他后来去了同文馆,也极重视学生的思想是否淳正。他只希望在同文馆的教学内容中增加天文与算学,但不否定儒学,反而更强调所招学生要"正途出身",为的是正途人员心向功名、诚心读书,不易受西学影响"误入歧途"。正因为这样,他才能够"衰年重理旧业,尚有端绪可寻"。①同时,我们不得不承认,徐继畲屈就于超山书院,虽然有其父曾在介休讲学这重原因,但事实上维持一个八口之家生计的需要,恐怕也是一个重要原因。超山书院不是山长的思想实验室,不是可以由山长随意发挥其思想的地方,而是一个要为平遥社会经济发展培养更多合格人才的基地。再具体一点,它是要为超山书院的出资人——平遥商人培养其商贸与金融业发展所需人才的。对此,徐继畲心领神会,他一心"埋头于此,日与诸生分甘苦",使得平遥教育在十年时间里根本改观,从而赢得平遥人民掏心掏肺的尊重与爱戴。

徐继畲在其耗时五年所著的《瀛寰志略》一书中,以极大的勇气与智慧突破了我国传统的"天下"观念,将中国置于其中一国的地位。书中客观介绍了世界各国大体的地理位置,介绍了西方国家的发展状况和现行的政治制度,而且明确表明了他的赞赏态度,但这并不影响他对朝廷的忠诚和对儒家伦理道德观念一如既往的认同与维护。纵然他与林则徐、魏源在学术上有区别,他们的共同性还是要远多于差异性的。他虽然没有像魏源那样从夷夏之别的角度提出对策,显示出他在思想境界上比魏源高明,但他的确也没有跳出中国传统文化源远流长的"经世致用"思维模式,正如《瀛寰志略》序中指出的,他下五年功夫写作《瀛寰志略》的最终目的,还在于帮助朝廷确定"国家抚驭之策,

---

① 董培良:《平遥文庙》,山西经济出版社,2004,第114页。

控制之方"。①

我们应该充分肯定和挖掘徐继畬在其著作中,勇于突破"天下"思维所体现的超人胆略与魄力,以及其先进性,但也绝不能因此而掩饰他思想中保守的一面。否定徐继畬保守的一面,一定程度上就是低估了延续两千多年的儒学传统的巨大影响力。事实上,他始终未曾偏离效忠朝廷、服务朝廷的基本立场。当他响应朝廷发出的诏书,回京筹办同文馆的时候,他并非要去改变朝廷,而是要去效忠、维护朝廷。他与所谓保守派的区别,只是在于同文馆的科目中要不要增加天文与算学。正是保守派在这一点上大做文章,导致同文馆的招生受到很大的影响,"正途投考者寥寥","正途与监生杂项人员相间",参加者也只有72人而已。②这对于想通过教育途径实现自强,以保住大清江山的徐继畬来说,无疑是个致命的打击,使他最终彻底失望,并于同治八年(1869)以年老多病为由,回归山西老家。

(四)书院的特点及其价值

在山西省的县级书院中,超山书院后来居上,成绩显著,一时博得山西省内外的高度赞誉。超山书院从兴建,到运行、教学、山长延请及人才培养等方面,都深深地打着平遥商人的烙印。

1.商家出资,董事管理

与平遥悠久的文庙传统相比,平遥书院建立较晚。从平遥有书院以来,超山书院是连续运行、几无中断且影响最大的一个。它存活于动荡的晚清年间,却书写了平遥书院的辉煌历史。其重要原因就是超山书院从兴建到运行的各个环节中,都有平遥商人在经费上的大力支持和管理上的直接参与。

清代,全国范围内官办书院占57%,民办书院占43%,官办与民办书院基本平衡。在山西,官办书院的比例要高于民办,比较有名的书

---

① 张乃彬:《徐继畬的教育思想》,见任复兴主编《徐继畬与东西方文化交流》,中国社会科学出版社,1993,第437页。

② 同上,第438页。

超山书院历史沿革

院都属官办。而且,这一时期,随着官方在书院建设中作用的加强,使得较为著名的书院大多位于府、州官府所在地。当时山西著名的书院有晋阳书院、河东书院、令德堂书院、莲池书院、云中书院、平阳书院等。这些书院因为其官办性质,大部分官学化了。在当时人们的心目中,府、州、县级书院的等级是相当明确的。通常认为层次高一些的山长,一般在州府书院,很难留在县级书院。比如,道光年间福建人陈德先,开始在山西洪洞玉峰书院主讲,第二年,平阳地方官"闻其贤",就亲自出面聘其任教"郡之平水书院","洪之士如失慈母,相与奔命吁留,得允"。仅过了一年,平阳地方官"复申前请",讲出种种理由,最终"敦迫就聘"。①此外,当时山西境内的县级书院,其院舍修建、山长聘任、生徒选择,一般都由该县的行政长官决定。但是平遥超山书院却是一个例外。道光年间在官方倡导下复修、改名并投入运行的超

---

①王欣欣:《山西书院》,三晋出版社,2009,第35页。

山书院,走出了它以官方宏观指导而不插手具体事务,商家出资并参与书院具体管理,山长专管教学授课,三方相对独立又分工协作的办学之路。

一般的县级书院,经费短缺是个大问题,不少书院常常因为经费不足而中断,平遥城里所建的其他书院,也曾遭遇经费上的困境。但伴随平遥商贸业强劲崛起而复建的超山书院,在平遥富商的全力资助下,仅创建书院时的启动资金就达1万两白银,存于票号,年息可得650两,保证了每年的基本办学开支。办学资金来源比之康熙年间的学田制简直不可同日而语,比之同时期其他县级书院也具有不可比拟的优越性。正是充足的办学资金,使超山书院能在短时间里借助高层次山长的引领而突显出来。

超山书院不仅经费渠道畅通,经费的管理也别具风格。他们"仿照祁县、太谷、榆次(书院)章程,生息之项由董事二十四家轮流值年管理,官吏概不经手"。①这种商业化的管理,不仅提高了书院的教学效率,也凝聚了人气。徐继畬当初之所以婉拒大名鼎鼎的省级晋阳书院,而屈就于超山书院,这也是其中的一个原因。

2.不惜重金,延请名师

一个书院办得如何,山长作为灵魂人物具有至关重要的作用。这也是超山书院成名的关键。平遥绅商决心不惜重金为超山书院延请最好的山长。历史也给了他们机会,使进士出身的正二品官员徐继畬成为超山书院的山长。卸任回家的徐继畬,于1856年接受了时为全国金融中心的平遥商绅们的诚恳延聘,从此执掌超山书院近10年之久。徐继畬能成为超山书院的山长,也缘于其父曾讲学于介休,有子承父业这种因素。超山书院先进的管理模式也是他看中的。事实上维持一个八口之家生计的需要,是一个重要原因。无论如何,一个小小县城书院能延请曾经的正二品大吏,也足见当时平遥发达的经济与开放

---

① 董培良:《平遥文庙》,山西经济出版社,2004,第41页。

的观念所具有的影响力。

超山书院为山长开出了每年三百两白银的高薪,与当时一个县令的年俸相近。徐继畬执教以来,又在当地为富豪人家当私人教师,一年可得二三百两。因为他除了养活家人之外,还要捐助防务,要资助贫困学生,所以经济还是不宽裕,依然每日粗茶淡饭,过着俭朴的生活。平遥的商绅们看着徐继畬过得清贫,多次提出给他加薪,他坚守信诺,概辞不受。后来,聪明的教谕和书院的董事们就想办法去弥补。他们暗中为山长承揽给有钱人家书写寿幛、墓志铭、碑碣、门额等,富商们借徐继畬的名望光耀门庭,经常以"润笔"的名义超常奉送,徐继畬心领神会,感动之余,更加敬业。

3.商学互助,彼此为用

平遥商人不惜以重金投资超山书院,一方面是受晋商中流传的尊师重教的儒家观念影响,另一方面,由于晚清在政治、经济、文化各个方面都陷于内外交困的境地,基层政府的财库已空,官方的"兴教助学"已流于空谈,使培养人才的责任历史地落在了晋商的肩上。而最重要的原因则是,迅速发展的平遥票号,对于高端文化与高层次人才产生了旺盛的需求。晋商能够在中国大地上叱咤风云几百年,与其背后巨大的人才支持是分不开的。由平遥商帮投资复修的超山书院,其目标不仅仅是为晋商培养高层次的经营性人才,更是要成为整个平遥商帮智力与文化上的支持。

在平遥,学与商相联系有着悠久的历史。平遥自古人多地少,土地贫瘠,农业相对落后。这就使平遥人在巨大的生存压力之下,走上了经商的道路。平遥人的这一选择,在"学而优则仕"的价值观念通行天下、商被列于四业之末的历史背景下,无疑使他们承受了诸多的责难与冷漠。但也正是在全社会都不重视商业的大环境之下,他们作为先行者,获取了丰厚的利润。实践是检验真理的标准,那看得见、摸得着、实实在在的白银有力地改变了当地人的传统观念。经商逐渐成为平遥人从业的首选,他们认为读书做官远不如读书经商实惠。当地曾经流传着"买卖兴隆把钱赚,给个县官也不换"的谚语,可见,平遥人对经商的偏爱。但经商不像务农,它需要有基本的文化素质,需要发展教育,重视知识与人才,平遥商人就逐步形成了重视教育、重视人才的基本观念。在平遥人的心目中,教育的最佳归宿是经营商贸,"学而优则商"的价值观念深入人心。当地流传有"生子有才可作商,不羡七品空堂皇"的口头禅,大致表达了当地人们的心声。有些富商感觉需要一定的职位以彰显其地位和威严,则宁愿捐官,也不愿走正途封官的漫长求学之路。

长期以来,平遥这种重实利而轻名分的办学理念,使平遥商绅不惜代价投资的教育,在整个明清时期遭遇一种尴尬的局面,就是平遥人对教育投入多,但进士及第者甚少。明清两代近600年中,会试大约200场,平遥无一人进士及第,中进士者仅有十余人,一度连中举都变得困难。这种局面持续到超山书院时期,由徐继畬执教之后,明显好转,仅在其授业门人中,考中举人的就有4名,副榜举人4名,拔贡2名,从此中举不再困难。①但仔细想想,以超山书院雄厚的师资、充足的经费,在其六十年的历史中,却始终没能让平遥城里走出一名进士,恐怕也绝非偶然。因为在平遥人的思想观念中,以金钱所代表的财富始终占据首要地位。商场就是他们人生的大舞台,他们以纯粹的商人角色在商言商,挥洒自如。"学"被他们以各种形式赋予"商"的价值,而"商"则被他们奉为最高价值。这一点从超山书院的生源可以简略说明。1904年树立的《子钦朱老父师德教碑》中记载,其学生中举人1名、廪生8人、增生6人、童生6人,而附生(相当于自费就读于书院的秀才)就多达20人,几近其学生总人数的一半。这些为数众多的来自有钱人家的"自费生",对于经商所需要的珠算等,以及《三字经》《弟子规》等为人处世的基本法则,在他们的启蒙教育阶段,就都学得很扎实了,足以应对平时遇到的商务工作。他们自费进书院学习的主要目的,与其说

---

① 董培良:《平遥文庙》,山西经济出版社,2004,第45页。

是提高自己,不如说是为了能够证明自己是超山书院某某进士的学子,也可以说主要是为了一种名师效应和社会名望,并非是为了通过一心一意的学习来提高能力。所以,从某种意义上讲,名声大振的超山书院及其名师,只是威震一时的平遥商人的一张鲜亮的文化底牌。

三、超山书院改制与科举博物馆

19世纪末到20世纪初,在洋务运动及戊戌变法的猛烈推动下,西学西风强劲东渐,大势已去的清政府为了挽回局面,顺应变法的要求,积极推进改革。1901年9月,科举改革被提上日程,书院的改制在地方已逐步展开。1904年1月清政府正式批准张之洞等人减额缓停科举的奏章。在中国历史上延续一千多年的科举制度被废除,随后,在全国范围内,陆续启动了仿照西方以创办各级学堂为目标的书院改制运动。超山书院遵照朝廷政令,于1904年即改制为平遥县高等小学堂,随后经历数十年的历程,为国家培养了大量人才。改革开放以来,随着平遥古城命运的转变,原超山书院所在地,顺应平遥古城作为世界文化遗产重新规划修缮的需要,被设立为"中国科举博物馆"。

国家一级文物——天下第一卷

改制后的平遥高等小学堂,是当时平遥的最高学府。学生不仅兼学中学与西学,学校还开设英语课,著名的历史学家、思想界和教育家侯外庐就是当时的学生。他不仅是《资本论》在中国的第一个翻译和出版者,更在中国思想通史和宋明理学的研究方面做出了巨大贡献。由于以往超山书院的弟子都是秀才,高等小学堂是由书院改制来的,他们又学习了西学和英语,所以学堂的学生被人们称为"洋秀才"。随着形势的发展,1923年由超山书院的弟子们把平遥高等小学堂发展为私立中学,名为励志中学,当时小学堂的校长李光宾随之成为励志中学校长。1928年,励志中学收归县办,更名为平遥中学。1949年平遥中学与太岳中学合并,被命名为山西省立平遥中学。1951年,加办高中。1958年,在中学增设大专班,并更名为平遥综合大学。1963年,平遥综合大学更名为山西省平遥中学。"文化大革命"后平遥中学被确定为山西省首批重点中学,为国家培养了大批人才,著名宇航员刘旺就是其中的杰出代表。[①]

1997年平遥古城被列为世界文化遗产之后,古城原有的好多文物与设施,都得到特殊保护。平遥文庙被列为全国重点文物保护单位,全面修复与保护文庙势在必行。2003年平遥县委、县政府与平遥中学合力,首次以市场运作方式,进行了自文庙创建以来规模最大的修复。平遥文庙恢复后,整个文庙被分为几个大的展区,共同构成平遥古城旅游景区的特色景点。超山书院与尊经阁所在地则为中国科举博物馆。它以大量珍贵的原物原件,反映了明清时期中国科举制度的规则、科考内容、逸闻趣事、考场舞弊等细节,以9个展室全面翔实系统地展示了中国科举制度的历史,特别是明清以来发展、完善的过程,成为全国范围内以资料翔实直观而独领风骚的科举博物馆,是我国现有最大的科举史展览馆。

明朝特别重视以科举考试来选拔官员,于是科举考试的制度逐渐完善。据记载:三年大比,以诸生试之直省,曰乡试。中试者为举人。

---

①杨学勇:《徐继畬与平遥超山书院》,《文史月刊》2014年12期。

次年,以举人试之京师,曰会试,中试者天子亲策于廷,曰廷试,也曰殿试。殿试分一、二、三甲以为名第。一甲取前三名,曰状元、榜眼、探花之名,赐进士及第;二甲若干名,赐进士出身,第一名通称传胪;三甲也取若干名,赐同进士出身。在科举考试中,乡试中解元,会试中会元,殿试中状元,被称为"连中三元",是金榜题名中的最高境界。明清两代产生的200余位状元中,仅有3位是"连中三元"的幸运儿。各省乡试中,有"五经"的考试,每经取单科考试第一名,共取五名,称为经元,又称"五魁"。到清代不再分经单科取元,但人们仍习惯地把解元以后的二至四名称为经元、亚魁,也把所有乡试中举者都称为文魁。①

为了鞭策后学之士,清代各省常把乡试、会试中试的试卷汇集成册,刊印发行,供应试秀才们作为范文。中国科举博物馆的第一展室中展有《顺天乡试墨卷》(光绪壬午科)、《江南闱墨》(光绪丁酉科)。第二展室中的《嘉庆乙丑科会试魁卷》,收录了该科状元彭俊、榜眼徐颋、探花何凌汉的会试卷,还有《光绪庚辰科会试朱卷》。第三展室中展有

书院内设立的中国科举博物馆

---

① 董培良:《平遥文庙》,山西经济出版社,2004,第61—62页。

《直省乡试墨粹》四本(山西、河南、山东、湖南各一本)。

明清时期,习惯每科都刻"进士题名碑",立于北京国子监内,至今保存完好。也有自己组织印制"同年"通讯录者,把同科进士依名次、年龄、籍贯、三代祖考名等内容,汇编成册,人手一本,以便日后在官场中相互照应。第二展室中展出的《钦定朝元卷》即清代历科会试中试者的通讯录。后来也有乡试同科举人通讯录。第一展室中展有《四川乡试同门录》(光绪壬午科)。这些至今保存完好的珍品原迹,真实地反映了当年科举制度的各个方面。明清之际,随着科举制度的发展,考场舞弊现象变得屡见不鲜,夹带、枪手、漏题,甚至主考官员利用手中权力串通作案的现象也有。第四展室中展出的顺治丁酉科场舞弊案、康熙辛卯舞弊案、咸丰戊午舞弊案,是清代考场舞弊的三大案例。①展柜中还存有清代科举考试时的夹带,除了真实地展现了当年科场舞弊手段的高明之外,夹带也是对科举本身最大的嘲讽。这说明在有些人心里,道德的吸引力远不及功名利禄的诱惑力大,此乃人性使然。正是因为这一点,对科举中试者的宣示,也是对人们的正面引导和鼓舞。第四展室的另一部分就专门展出了宋代苏轼、欧阳修、范仲淹、文天祥等以科举出类拔萃而成为国家栋梁之材的典型。还专门辟出第五展室,展出了部分状元及进士的真迹。

中国科举博物馆里,堪称镇馆之宝的是藏于尊经阁内(第六展室)全国仅存的状元卷。这张状元卷是明万历二十六年(1598)戊戌科状元赵秉忠的殿试策论原卷。赵秉忠,字季卿,号其阳。明隆庆四年(1570)出生于山东青州府益都县,万历二十六年戊戌科会试后,当年三月十五日,由万历皇帝朱翊钧亲临殿试策问,被钦点状元,授翰林院修撰,后连升至礼部尚书。令人遗憾的是,天启二年(1622),赵秉忠被黄尊素以"愚钝"弹劾去官。1623年,含恨早逝。②这份状元卷为赵秉

---

①董培良:《平遥文庙》,山西经济出版社,2004,第63页。
②董培良:《平遥文庙》,山西经济出版社,2004,第72页。

忠的第十三代孙后代赵焕彬所捐献,为国家一级文物。

平遥人为了纪念超山书院著名的山长徐继畬,专门将其任职期间休息办公的地方辟为第七展室,展出其日常用品、办公用品以及他为超山书院所做出的主要贡献。同时还专辟一室,第八展室,展出平遥的私塾和超山书院的历史,以宣扬它为平遥商贸业的兴盛以及平遥文化教育事业的发展所做的巨大贡献。

自古以来,文能治国,武能安邦,一文一武,相得益彰。中国科举博物馆最后一个展室所展出的是武举展。武举与文举不同的是,它既要考武艺,又要考策论,目的是求得文韬武略、德才兼备的将才,其难度比文状元要高。

四、结语

超山书院在短短60年的时间里,为社会培养输送了大批人才,为推动当时平遥社会文化的繁荣,特别是平遥商贸业的发展做出了积极贡献,在平遥书院史上留下了光辉的一页。著名山长徐继畬是超山书院得以崛起的领军人物,他虽然被罢官,但他心底一直坚守着"学而优则仕"、效忠朝廷的价值观念。他返乡重操旧业,帮助平遥商人实现了他们的人生理想。平遥人民将徐继畬的塑像置于超山书院院落的中央,作为对他的感怀与纪念,至今都是平遥古城的一个亮点。应该说,在超山书院的发展中,平遥商人所做的贡献,是有目共睹的。它将载入晋商辉煌的史册。需要提及的是,平遥和整个晋商界由于绵长而深厚的经商传统,产生"学而优则商"的价值观念,这一理念曾经使平遥乃至整个晋商率先突破"学而优则仕"的价值观念一统天下的局面,并以此为晋商及明末清初整个中国资本主义萌芽的发展,开了思想的先河,进行了一场思想和观念上的大解放,在整个古代中国以儒家"学而优则仕"为主基调的思想史上显得特别耀眼。但我们不能回避,平遥商人在经办书院的过程中,体现出重商轻学的价值趋向。他们往往将"学"作为"商"高效运行的工具,而将"商"作为"学"的天花板,使二者都受到限制。从超山书院的发展历程不难看出,发达的商业,如果用来支持教育的发展,可以成为无可替代的优势,但如果仅盯在服务商业这样的目标上,就会反过来成为人才成长的桎梏。"学而优则商",一个"商"字,超山书院,以及整个平遥教育、经济、文化诸方面兴衰的秘密尽在其中。

第四章　忻州秀容书院历史与文化

书院,是东亚古代教育有别于其他地域的一种特殊现象。清代书院,除延续了中国古代书院传授经史、聚徒讲学、明辨义理、校书藏书的经典功能之外,其主要还是作为培养参加科举考试的学生的场所。山西忻州的秀容书院就具有这样的鲜明特色。从乾隆四十年(1775)创办到光绪二十八年(1902)改制新兴学堂,秀容书院在其存在的127年中,主要以其教育成就和教育思想而流芳后世、泽被乡里,成为清代教育文化在忻州的一个缩影。对其进行深入发掘整理,堪为传承发展中华优秀传统文化的一项重要工作,对于传承中华文脉具有重要意义。

忻州秀容书院山墙

一、秀容书院历史沿革

秀容书院作为清代书院,在山西一众历史久远的古书院中是距离我们当代最近的书院,有丰富的历史遗存可考,故而其文史价值突出。在此,先简要回溯其历史,考据书院的创办缘由、地理位置、文化风貌,以及历代地方官员对它的修缮,并据此分析其思想文化总的取向与特点。

(一)创办缘由与历代修缮

忻州一地的官办教育,最早可追溯到后晋天福二年(943)建立州学。"忻州儒学,在州治西北,旧在治西南九龙原上。后晋天福二年建。"当时称儒学,因在文庙附近,又称庙学。"金天德、大定间,知州傅甚微继修。元皇庆间,知州白朝烈又修。明洪武三年知州钟有谅,宣德、天顺间,学正杨献、知州夏至明,次第缮葺。成化间,知州刘清重修,陈璧记。"明弘治五年(1492),徙建于州治(州衙)西北(今忻县北门内学道街)。嘉靖十一年(1532),于州学内设书院,是为本县书院之始。清乾隆四十年(1775),建立秀容书院,地址即明弘治五年以前州学之旧址,在旧文昌寺西边。①

秀容书院是中国书院之一,欲了解其来龙去脉,须先回顾一番书院历史。

书院这种形式,在古代正规的教育体系里,其功能与性质都缺乏明确的定位,开始只是地方教育组织与民间教育机构。唐贞观九年(635)设在遂宁县的张九宗书院,为较早的私人书院。官立书院初为官方修书、校书或偶尔为皇帝讲经的场所,最早出现在唐代,唐开元六年(718),唐玄宗在东都洛阳将乾元院改名为丽正修书院,十三年又改为集贤殿书院。②这是史载最早的书院,不过其性质只相当于官方的图书事业机构,并无学校之实。真正具有聚徒讲学性质的书院于五代

① 参照政协忻州市委员会文史资料研究委员会编《忻州文史资料·第一辑》。
② 刘玉才:《清代书院与学术变迁研究》,北京大学出版社,2008,第1页。

末期基本形成,如《旧五代史》载魏州贵乡人罗绍威"好招延文士,聚书万卷,开学馆,置书楼,每歌酒宴会,与宾佐赋诗,颇有情致"。[①]在这一时期,书院性质的场所开始出现讲学的现象,但书院的功能主要还是培养参加科举考试的学生。宋代书院的兴起始于范仲淹南都府学,庆历新政之后,书院在北宋盛极一时。这时候出现了四大书院的说法。到了南宋更盛,各延大儒主持,成为理学书院。元朝时书院制度更为兴盛,专讲程朱之学,并供祀两宋理学家。明朝初年书院转衰,直到王阳明出而再度兴盛。随后书院因批判时政,遭当道之忌,尤其是因东林书院事件,魏忠贤禁毁天下书院,书院乃没落。

清入主中原,对于书院所保存的汉民族的元气心存忌惮,因而继续抑制书院发展。顺治时期,一方面由于清朝统治尚未稳定,另一方面也鉴于明末士大夫借书院讲学抨击时政,诏令各地不许别创书院,群聚徒党及号召地方游食无行之徒,空谈废业。[②]康熙以后,清朝统治渐趋稳定,统治者开始改变高压政策,特别是对于汉族知识分子,变为施展笼络的手法,如尊奉孔子、提倡程朱理学、开科取士、兴办官学等,借以消除士子的敌对情绪,扩大自己的统治基础。为了进一步加强对人民的思想统治,清廷对书院的政策也由抑制转为提倡。雍正十一年(1733),正式明令各省建书院,采取鼓励态度,书院渐兴。史载康熙、雍正、乾隆多次为各地书院御书匾额,颁赐书籍,以示重视。

创办缘由。秀容书院就是产生在这样一个历史背景下。鲁潢,江西新城人,保举知州,清乾隆庚寅年(1770)升任忻州知州,于乾隆四十年(1775)在任上兴建秀容书院。关于书院的创办缘由,鲁潢在碑记中说:"忻于省北为大郡,幅员辽阔,民户殷繁,家有盖藏,人丰囊橐,讴吟弦诵之声,不绝于耳。独书院至今阙如,此司牧者之咎也。"他认为在忻州这样广阔,又有一定经济基础的地带缺乏一个高级的教育机构为

[①]《旧五代史》卷十四《梁书·罗绍威传》。转引自刘玉才:《清代书院与学术变迁研究》,北京大学出版社,2008,第8—9页。

[②]李良玉:《清代书院与历史教育》,《清史研究》2006年第1期。

一憾事,值此国富民盈之时,教化育才,势在必行。又称:"余自庚寅承乏兹土,时时以此举为念。"为了实现这个惠及乡里的意愿,先于文昌祠考选英才,"延师入馆,其岁费,其余官俸中预行分给",甚至计划拿出自己的俸禄来延请老师。然集绅士于明伦堂而倡捐焉。"其民间情愿助资者,俾绅士数人,分乡走募,共得金四千有奇。"居然募集了这么一大笔资财。"除于文昌祠添建房屋、制修器物之外,余金发交典行,量取薄息,以资永图……"而设立这笔基金的用意,是"俾克永久耳。倘继余来者,人各异心,或朵颐羡物,解散师徒,则此事旋举旋废,不如不举为愈。否或隔膜相视,有如赘疣,则此事虽举亦废,举与不举何异?"

书院所处地理环境。从地理条件来看,忻州地处忻定盆地南段,盆地北面横亘着东南—西北走向的吕梁山支脉云中山。云中山海拔虽不算太高,但恰好位于东风无力之处,遂成温度、降水之分界线,也就成了游牧文明与农耕文明之分界线。天下闻名的雁门关就在忻州市区北几十公里的代县之内。登雁门关极目四望,但见东西群山连绵,直到天边,一条山路从北面盘山越岭,探崖取涧,宛若从天上逶迤而来,过雁门关海拔骤降,短短十几公里即直跌平原。山脉越往东北越高,直接北岳恒山,再往东北数百公里,则张家口市阴山与燕山接脉一带矣。山脉以南土地平旷,气候温和,土壤肥沃,山脉以北土地依然平旷,但海拔高出数百米,气候干冷,土地贫瘠,这些年来生产力飞跃,土壤有些改良。笔者几十年前经过时只见遍地盐碱,蒿草低矮,只能放牧,难以农耕。山南山北气象迥然,山势如墙,而于雁门处独低一筹,是古往今来大雁迁徙之道也,故得其名。站在关上望岭上东西绵延之长城、楼头"晋北锁钥"之巨匾,不由叹息,在冷兵器时代,面对游牧民族南下威胁,大概很难找到比修长城更好的法子了。

忻州南面与太原盆地似连非连,虽有山峦,低矮散乱,不能形成地理屏障。这使得忻州有时也划进太原、阳曲。忻州的地形和位置决定了其虽地域通达、土地肥沃,但亦成为冲突之前线,难以发展需要长期和平稳定环境的文化事业。小时不懂地理,闻卫青、霍去病北伐匈奴从定襄、代郡出发，以为是多么北的地方，原来就离中原腹地如此之近。反过来看，雁门关一带防线对中原多么重要。明白了这些道理，也就明白了忻州古代文化教育不发达，到清一统疆域，书院始闻于世的道理了。

地方官吏在书院创建与修缮中的功绩。鲁潢、福敬、华典、张其恕、戈济荣、方戊昌等几任地方官，是忻州清代书院建设的关键人物。几位的任职时间：鲁潢，乾隆三十五年（1770）至四十年（1775）；福敬，嘉庆十七年（1812）在任；邱鸣泰，嘉庆二十五年（1820）在任；华典，道光、咸丰年间在任；张其恕，咸丰十年（1860）在任；戈济荣，同治年间在任；方戊昌，光绪初年在任。鲁潢是其中最杰出的代表，他创办了秀容书院，也奠定了秀容书院的教育思想，另几位接续其事业，也接续了他的理想。

鲁潢创建书院与清政府的文化政策是有关系的，清入关之初曾经打压中原文化，不久开始重振，"又饬天下督抚，各于会城，建立书院，厚其薪水，延名师而督教之，以辅学校之不逮。嗣则各府、州、县，亦仿此意。书院之设，几遍天下。依古以来，所未有也"①。

虽然是朝廷提倡，办学之路还是筚路蓝缕，经历了很多困难。由于没有财政拨款，首先需要解决的是钱的问题。关于办学，当时存在一种有趣现象，官学本是有财政拨款的，但是，官学建起来后，除了国子监无可替代外，效果普遍不好，名气显然不如民间书院。因此，对于创办书院之事大家都赞成。钱怎么筹？刚开始大家畏其艰难，不肯襄助，鲁潢自掏腰包"先于文昌祠考选英才，延师入馆，其岁费，其余官俸中预行分给"，让大家看到其诚意，"俾州绅人，群知事在必行，势难中止，然后集绅士于明伦堂而倡捐焉"。要说那时真是民心向善，仁倡易行，当地乡绅的声望还是颇高的，绅士们一带头，老百姓马上跟上，有多的多出，有少的少出，"其民间情愿助资者，俾绅士数人，分乡走募，

---

① 忻州市忻州府区地方志办公室：《忻州直隶州志》，2006，第444—446页。

共得金四千有奇"。事情办好之后，大家就高兴了。鲁潢是在响应朝廷号召，有使命感，所以时至今日仍得后人铭记。

"夫人情，在民则可与乐成，难与谋始。在官则靡不有初，鲜克有终，其故何也？人之乐功，与爱财利等也。事之未举，则功名念盛，而乐为者多。事之既举，则财利心切，而不乐为者又多。司事者劝勉而督责之，仅可藏事。迨事成之后，习而忘之久，而人文蔚起，科甲蝉联，则又相顾色喜，以为前此舍金之报，而曩日劝勉督责我者，有裨于吾侪，诚厚也，此所以乐成易而谋始难也。"

老百姓办事是开头难，还没开始就先看到一大堆难处，这就是俗语所讲的"万事开头难"，需要有人带头，冲破阻力，打开局面，这正是官府的优势所在。一旦步入正轨、获得利益，那么百姓就乐在其中、草随风动了。而把一个已经有了制度的事业坚持下去，却是民间的长处、官府的短处。艰难既过，乐享其成，官员难免心生惰意。忻州士绅刚开始畏难，待"科甲蝉联"之后那一定是"相顾色喜"，觉得投入值得，以前的辛苦都没白费。不过这却都是鲁潢的推测，科教事业非一日之功，他知道百年之后自己的功劳一定会有人铭记，所以愿意长期投资。

鲁潢办学亦是承朝廷旨意。清廷鼓励办书院是为了"以辅学校之不逮"，也就是说，书院是作为科举制度下的官学的辅助来办的。当然，书院办得好，直接取代官学也是有的，北宋应天府书院就曾直接上升为"南京国子监"。秀容书院办起来后不再见忻州官学相关的记载，可能是取代了官学，或官私合一了。鲁潢办学一方面是出于个人情怀，要做一个有为的官员，一方面是尽职。他的方向或者说办学指导思想显然是跟进朝廷路线，其后几任地方官也都坚持这一办学方向。

嘉庆十七年（1812）满洲正蓝旗举人福敬、嘉庆二十五年（1820）江西东乡举人邱鸣泰任忻州知州时又劝捐重修，添建屋宇、牌楼，使书院焕然一新，壮其规制，美其观瞻。

道光二十九年（1849），天津举人华典任忻州知州时，值军兴、羽书旁午，供亿浩繁，他禁浮冒、惩奸蠹，"尝捐廉增书院膏火"，为生员的学习提供了方便,华典在忻州政绩厘然,民以不扰。

《忻州志·书院附》又载:"咸丰二年前知州华典因经费不敷,谕令绅士续捐,并自行捐廉,发商生息,酌定章程。"

书院八角亭的斜柱上迄今镌有"大清嘉庆二十四年岁次己卯七月初四日吉时建"(邱鸣泰时),和"咸丰二年岁次壬子桂月重修"(华典时)。

咸丰十年(1860),知州张其恕,募铜七千缗,资助诸生考试,谓之"宾兴",有力地推动了书院的发展。

同治八年(1869),直隶景州人戈济荣(字戈源,人称戈不留)在忻州任职期间,百废俱兴。他对秀容书院进行了最后一次修缮,"改定章程,膏火奖赏,以每次甲乙为断,另添课诗赋一次"。"因课生童无多,又复谕令续捐增加奖赏","以示鼓励","住院肄业者亦无定数","所有历次碑记、章程均已勒石,用垂久远"。[①]

(二)建筑特色的文化内涵

书院是讲学和研学的场所,其选址及营造,体现出当时文人的精神境界和中国传统文化的特色。一般来说,古时书院选址大多择山林胜地、风水宝地,远离闹市喧嚣,以利隐居读书、潜心治学。但是清代是书院普及的时代,秀容书院又是由地方官员和乡绅集资兴建,所以,秀容书院就选在城市内部。特别是由于其所在的文昌寺院为明代州学之旧址,因利用旧有房屋,所以干脆设于闹市之中,属于那种靠近府县署等政治中心或靠近文庙、戏台等文教中心的选址。虽处闹市,但秀容书院也尽力以人造景观来弥补环境不足,精心造景,构筑亭池园林,自成佳境,营造出一种层次分明、错落有致、布局繁复、别有洞天的园林意境,力求文化与风景相交融,体现天人合一的理想境界,达到人与自然的和谐统一。

据称,秀容书院所在的城西南高地,与州城"西靠龙岗,东俯马川"

---

① 张明远:《忻州史话》,山西人民出版社,1997,第234—236页。

的形势契合,是风水上的形胜之地。现今的书院总面积是21320平方米,坐北向南,依自然地形而精巧设计,东西最宽处132米,南北最长处为255米。其实早先并没有这么大,据光绪六年的《忻州直隶州志》记载,"秀容书院在治西岗上文昌祠西",可见最初秀容书院的布局中是不包括文昌祠的,后来书院逐渐扩建,将文昌祠包含,到光绪二十八年(1902),书院改为学堂时,秀容书院已形成上、中、下三座院落的布局。书院地形西高东低,三个院落依坡地而建,上院为原文昌祠所在院落,改建后成为秀容书院的主院,下院原来是书舍。三个院落依西高东低的地形,中院高出下院9米,上院高出中院3米,两院之间以台阶或坡道相连,层层叠叠,错落有致。

秀容书院文昌祠

从大门进入,最先到达的是秀容书院的下院,下院为旧日的宿舍区,即当年学生的自习住宿区,宿舍坐北朝南,多为卷棚或硬山顶。由于历史的原因,下院保存得不够好,难见昔日面貌,现在宿舍被改为职业中学的教室。下院还保留有一处古迹,为白鹤观旧址。

出下院拾级而上即为中院,中院是书院的主体部分,又由北之柏树院、中之枣树院、南之槐树院三院组成。今人解释,古人别具匠心,柏树院寓意"十年树木百年树人",枣树院寓意早出人才快出人才,槐树院寓意学子胸怀天下,有远大抱负,济世救民。这三个院落后边那个大殿是原来的文昌祠大殿,是当年文人祭奉文昌星的地方。该祠青碧琉璃瓦覆顶,檐下有廊,推测为明代建筑。前院部分还有一个戏台,为古时娱乐庆典等活动的场所。千年古柏,挺拔参天。古柏、古祠、大殿、戏台使得这个院落有悠远厚重的历史沧桑感。院中东西配房和大殿前面的两排正房,属原书院讲学者起居所在;前后并列三排教室,至今尚余端肃之气;房内南北两面开窗。身处书院环顾四周,依稀可以想象到当年这里清风徐来,伴以莘莘学子读书声的景象。

向西拾级而上,步步登高,就是上院部分了。上院面积不大,但上院是秀容书院标志性建筑所在。过"通天衢"牌楼沿坡而上,就是书院的制高点。这个位置一线三亭,正中四平八稳的四角亭静观风雨,北面的六角亭直插云端,南面的八角亭轻巧翘曲,与六角亭成掎角之势。许多诗作都是在这里吟赋而成。

六角亭旧称廖天阁,在三亭中最

秀容书院六角亭

高，每边长约3米，亭高约9米，既有典型的北方亭台楼阁特色，又有南方建筑的玲珑剔透之感。原六角亭前有一

从秀容书院尽览忻州古城

砖拱门，称为"通天衢"，取书院读书人通过天之衢，登上廖天阁，飞黄腾达之意。这六角亭为整个忻州古城的制高点，站在上面，忻州全景尽收眼底，几百年来历经沧桑，但安然无恙，基本保持原貌。

八角亭略低于六角亭，又叫望萱阁。传说当时的知州邱鸣泰是个大孝子，公务之余思念故乡老母，故而择高地以筑亭，常登高望远以解思念母亲之情。有感于知州的孝心，时人将此亭命名为"望萱阁"。旧以"萱堂"代指母亲的居室，亦指母亲，所以"望萱阁"即"望母阁"。

书院既是讲授经史子集等的地方，在当时，也是承载着地方文化传承重任的一方场地。儒释道三教合一的建筑风格，是各地书院较为普遍的特色，秀容书院也不例外，文昌祠、吕祖庙、天庆观等，是对这种理念的生动诠释。

青碧琉璃瓦覆顶的文昌祠是书院中较早的建筑，每年二月初三、八月初八都要举行祭祀。道教传说，天上文昌星（亦名文曲星）专掌文昌府和人间福禄之事，因此后人立碑纪念，唐太宗时屡封至"英显王"。读书人把科考高中、加官晋爵的希望，寄托于道教文曲星。而吕祖庙供奉的神仙是八仙之一的吕洞宾。天庆观（建于唐天宝八年），除供奉老子外，还有唐朝的七位皇帝，故又名七圣观。后又因白鹤之异，称白鹤观，今观址犹存。

秀容书院所在的忻州古城,为明代万历二十四年(1596)至二十六年(1598),以砖石修筑而成的一座古城池,西段沿九龙岗地形蜿蜒起伏,与平地城墙连接,其轮廓像一头卧牛,而望萱阁和廖天阁更似卧牛头顶的双角,双角之中的秀容书院则像卧牛之首。200余年来,秀容书院历经风雨战乱,犹存当年气象,经过几番扩建增修成今日规模。从最初清代的秀容书院,到民国的忻县中学,再到当代的忻县师范、忻县三中、忻州市第一职业中学,古老的秀容书院培养了一代又一代人才。

(三)性质与规制特点

中国古代的教育系统基本分为两大块,一类是官办教育机构,如州学、县学等,最高为国子监即中央官学;另一种是以私塾为代表的私学。书院这种教育机构,最早是从私学中脱胎出来的,但它不是一般的私学,它与私学存在差异。按照邓洪波的理论,书院与私学既有相似之处也有区别。通过比较,可以具体地探讨书院的性质与规制。相似之处有三:其一,同私学类似,是由民间集资创办的,不属官办之列,具有很强的自主性。其二,同私学类似,书院是向下层社会开放的,面向民间的,以平民子弟为教育和培养对象。其三,书院在办学目的上不以科举为唯一目的,而是兼有藏书、祭祀、学术研究功能。不过,建于清代后期的秀容书院,在兼有传统书院功能的基础上,开科取士的动机还是占了很大比重。

秀容书院作为清代山西完备的大型书院之一,与其他私学相比,从规制上考察,有以下几方面不同和出色之处。其一,一般私学没有固定的校舍和教学设施,而是以私人住宅为依托,教学空间狭小,由于所依托的校舍多为民宅,缺乏基本的硬件设施作为保障,因此极不稳定。秀容书院以其庞大完备的建筑群,决定了它能成为一座大型书院。其二,一般私学没有固定的经济来源,缺乏稳定的经济保障,且不谈学生的膏火费,就是教师的束脩也无固定的来源,学校往往为一时的经济拮据而停办。而秀容书院在乾隆四十年(1775)即募捐白银四千余两。及后,"乾隆四十年(1775)起至同治十二年(1873)止,绅民陆续捐钱16949千文发当商,岁生息钱1700千文,山长讲师的束脩、生童的膏火奖赏皆由生息项下开支"①。除此之外,"书院有公地十七亩,在西高村"②,租米亦供日常消费。邓洪波认为,书院不同于私学的本质特征,就是建立了类似官学的以学田为中心的经费体系,而学田的田租收入,是官学所赖以生存和发展的根本保障。秀容书院像其他大型书院一样,也采纳了官学设置学田的做法,这实为书院生存和发展所必须实行的。其三,一般私学没有相应的教学计划和规章制度,也没有任何形式的考核体系,缺乏强有力的教育管理制度,学校处于一种无组织的松散状态。相形之下,秀容书院则规制完备,秩序井然。每年二月官定日开课。除正月、十二月不授课外,每月初一、十一日、二十一日斋课,十六日官课,十七日诗赋课,永为定例。官定日开课评定等第,定一年膏火,由知州主持,叫甄别③;月课另加奖赏。可见,书院考试分为三种,即官课、诗赋课、斋课(也有加堂课)。官课由知县或知州主考,取超等、特等给予奖励。超等第一名奖银4.2两左右,第二名奖3.3两左右,第三名奖2.8两左右,第四名奖2.4两左右,第五名、第六名奖2.2两左右。特等奖15名,各奖银1.5两。《明史·选举志一》云:"一、二等皆给赏,三等如常,四等挞责,五等则廪、增递降一等,附生降与青衣,六等黜革。"④一般三年一考。这样便极大地调动了生员的学习积极性,"云蒸鹊起,多士汇征,为屏为翰,率多秀容书院中人"。

书院文字遗存。忻州秀容书院最初由忻州知州提倡创建,后历代忻州知州对书院都十分重视。清乾隆年间,忻州知州汪本直曾在书院

①王欣欣:《山西书院》,三晋出版社,2009,第117页。

②张明远:《忻州史话》,山西人民出版社,1997,第236页。

③书院学生的入学审查过程称为"甄别"。乾隆九年(1744)礼部规定,入学学生首先由府、州、县官员选定,由布政使及专管学院稽查的道员审查。审查的重点目标是排除"恃才不羁"之士,审查后于每年一、二月或十一月举行入学考试。四月还有一次遗漏补考。十一月、一、二月和四月考试的考生同时入学。这类考试与地方官学入学考试不同,其一是允许外省、外府州县的学生考试,其二是只凭文字录取。除考试录取外,还有调取、咨送等形式录取。

④转引自张明远:《忻州史话》,山西人民出版社,1997,第235页。

山长办公室题匾"白衣千刃"(刃通仞),一方面称赞当时山长有学富五车、高山仰止的风范,另一方面勉励学子在学问上要不断攀登,以期临高。到后来忻州知州方戊昌(光绪五年莅任忻州)又在书院山长办公室题匾"龙岗山馆",同时题楹联一副:"雨露不滋无本草,风云偏化有鳞鱼。"上联主要强调学子们要自强不息,学好功课,好好努力,否则老师再好,学校条件再好,你不学习,也没用;下联主要是鼓舞学子们在人生的征途上顽强拼搏,像鲤鱼跃龙门那样接受波涌浪翻的考验。知州们的良苦用心可见一斑。

(四)清末书院改制

中国古代的科举制度最早出现于隋唐,它是一种通过考试的方式,凭文取人的官员铨选制度。相较于过去人才选拔上的军功封爵制、察举制、九品中正制等极易导致政治腐败和任人唯亲的落后的选拔方式,科举制度是一种公平公正的革命性的选拔制度。这种人才选拔方式使人才选拔有了客观的标准,因而在中国历史上延续了一千多年。但这种适应古代"通儒"培养的制度在清代晚期却日益暴露出其面对近代力不从心的弊端。

科举既然是一种考试制度,必然与教育紧密相连。"书院的出现虽然略晚于科举,但它与科举之间存在若即若离的关系。具体地说,书院前期重视讲学,与科举的关系稍远一些;而书院后期重考课,与科举的关系更近一些……这种关系在清代发展到了顶峰阶段。……乾隆九年礼部规定嗣后书院课试'以八股为主,或论,或策,或表,或判,酌量兼试'。其结果是导致全国各地书院都坠入科举的黑洞之中,所传习者皆为八股范本,所注重者皆为小楷诗帖,成为科举考试的预备场所。"①造成"乾嘉以还,皓首穷经者前后相望"的社会局面。既然社会的大背景是这样,产生于这一时期的秀容书院自然也不能免俗。

鸦片战争后,中国社会出现了前所未有的剧烈变动,出现"数千

---

① 杨齐福:《科举制度与近代文化》,人民出版社,2003,第236页。

年未有之大变局",过去那种以八股范本、小楷诗帖等为主体的传统知识结构已经无法应付社会变动的需要了,随着国门的洞开,西方的新知识逐渐引起士人们的关注。"……然自泰西交涉以来,岁削月朘,国势岌岌,始而通商,继而立约,驯至开口岸,租地界。……生民以来之奇祸,未有烈于今日者也。"[1]"……西方人凭着机器工业的发展,向我国肆行其资本主义的侵略,动摇了我国旧日的社会经济,而作为科举制度的教育体制也开始起了变化,最重要的要算废科举、兴学校,这也是康有为等戊戌维新政策中最重要而且持之最力的一种重要改革。"[2]戊戌变法虽然失败了,但是改革的火种深入人心,书院改学堂仍是人们议论的话题。到了1901年1月,张之洞等在《变通政治人才为先遵旨筹议折》中言:"今日书院积习过深,假借姓名希图膏奖,不守规矩,动滋事端,必须正其名曰学,乃可鼓舞人心,涤除习气。如谓学堂之名不古,似可即名曰各种学校,既合古制,且亦名实相符。"[3]至此,清政府接受了提议,下诏将各省所有书院,于省城均改设大学堂,各府及直隶州均改设中学堂。

从现有的资料无法查阅秀容书院的校歌,不过起码从1912年改为中学堂后便有校歌。校歌由晚清举人、秀容书院国文教员常蔡圃先生编写,歌词内容如下:

校舍峥嵘,雄建九龙岗,规模好堂皇。舟山远列作屏障,马水环延垂带长。山明水秀,人才辈出扶家邦。看,多是社会中坚,勤、慎、敏、爱,日夜淬砺,为我神州荣光。

校歌以忻州九龙岗峥嵘堂皇的校舍起笔,从高处写出了书院的外部环境:系舟山和牧马河,点出了书院是以忻州的山水为依托,同时也

---

[1] 贯耕:《新兴学堂乙巳暑假开学演说》,见薛喜旺编著《醉心文稿》,2009,第11—12页。

[2] 薛喜旺编著《醉心文稿》,2009,第106页。

[3] 张之洞:《张文襄公全集》,中国书店,1990,第914页。转引自杨齐福《科举制度与近代文化》,人民出版社,2003,第245页。

将校舍的雄伟建筑凸显出来,最后校歌还用"勤、慎、敏、爱"四字校训,以宝剑的淬砺为喻,要学生辛勤磨炼,为国争光。

秀容书院的创建对忻州教育事业的发展起了非常重要的促进作用。最明显的标志是科举成绩明显提升。据统计,仅在道光至光绪八十多年间,通过各种考试取得功名的就有进士7人、举人64人、贡生71人,学童、秀才多而未统计。院内西侧迄今还在的通天衢牌楼上悬挂的"十隽匾",便是为彪炳十位举人(一人为科举考试副榜)而设。其次,在书院就学的人数也大大增加。同时,书院又是当时学术研究的中心,为忻州文化的发展做出一定的贡献,真正是"魁奇英俊,制艺取士,由此发轫,邸抄获见,拊掌而笑"[1]。学子对文化的追求、对教育的尊崇,也带动了周边书院的建立和兴盛。受秀容书院的影响,在乾隆四十二年(1777),五台知县王秉韬在五台创建崇实书院,后又升任代州知州,在代州创建斗山书院。同时,忻州附近各县也建起了书院,如神池县建觐华书院,后改观华书院;河曲县建河阴书院;原平崞县建崞阳书院等。这些书院都为本地人才培育做出了贡献。

二、人物与思想研究

秀容书院和古代中国的其他书院一样,设有书院主讲和总理院务之人,当时叫山长,也称院长、皋比、儒林丈人。这些山长在当地皆为名士,他们一般都先任地方官吏,有了一定的政治资历和社会声望后才专门从事教育工作,因此,他们往往德才兼备,并且常常受邀参与地方重大文化活动。特别是最后一任山长米毓瑞,留下很多传世作品。探藏取宝,循文觅踪,让我们来细细品味。

(一)六任山长详考

据史料记载,忻州秀容书院前后共六任山长。这六位山长在当时忻州学界都有很高的威望,其学识水准,乃至在政界的地位(指任职秀容书院山长前),都是很高的,堪称忻州的"一代宗师"。

---

[1]张明远:《忻州史话》,山西人民出版社,1997。

第一任山长是忻州曹村崔嶘。崔嶘(1715—1781),字云峰,号乙轩,1735年中举人,1737年中乾隆恩科进士。曾任河南淇县知县、郑州知州、大理寺右评事、礼部仪制司主事、郎中、会试提调等职。任职大理寺右评事之时,平反多起冤案;任职河南乡试同考官时,被民众称为"得人"。可见在当时政界很有建树。

秀容书院山长院

崔嶘退休归乡后,被当时的忻州知州鲁潢聘请为秀容书院首任山长。在秀容书院任主讲期间,从者甚众,为文又多,作品浩繁。一生为文甚多,主要有一百余万字的《稽古堂四书讲义》、《古文别录》五册、《唐宋文读本》四册、《史文》八册、《制艺读本》四册,此外还抄定《昌黎诗集》,手批《左传》,藏于家中,后佚。《稽古堂四书讲义》是他讲学的课本,影响很大。

在任期间,不仅勤于教学,还积极应邀参加社会活动,曾为忻州的关帝庙竣工及七贤庙修复撰写碑文。他是忻州清代曹村著名曹氏家族的重要代表人物,亦是当时忻州政界和学界的代表人物,直至现在在忻州也有很大的影响。忻州后学董宇炜曾收集其诗文,编为《乔梓集》,以励后人。

第二任山长是忻州令狐庄的薛河东。薛河东,字凤一,嘉庆十八年(1813)举人,道光十六年(1836)任秀容书院山长。后补阳曲县、介休县儒学教谕。《陈敬棠诗文辑》介绍他"补阳曲、介休等县儒学教谕,所至文风不振",又说他"享年最高,故成才亦盛云"。主要贡献在教育领域,无论在忻州任秀容书院主讲,还是到阳曲、介休任教谕,所到之处,从者甚众,文风焕然一新,看得出他的确是个教育改革家。

作品多散佚,今只见诗一首《呈巩惺斋师》,是在他六十岁的时候,给他八十岁的老师写的。

少有文名,文思极敏,未中举前在忻州亦负盛名。后任秀容书院主讲后,从游者甚众,学生很多。忻州段庄村举人石皓是他的学生,曾作文《薛凤一先生七秩寿序》,称赞其有"倚天拔地之才,振润古雕今之业。风流照耀,翰墨飞扬,如管公明,莫能与其相当;如杜元凯,鲜能测其甲兵"。并说他在主讲秀容书院期间,"士向其风,人熏其德。先生普度金针,高提玉尺,太邱道广,而推艺何妨求严?褒德性宽,而论文不嫌过刻"。可见当时在忻州影响之大,地位之高。

第三任山长是忻州前播明村赵宗先。赵宗先,字槐符,号午轩,道光十一年(1831)举人,道光二十九年(1849)任秀容书院山长,后选绛州学正,加光禄寺署正衔。赵宗先是忻州前播明村赵家重要代表人物,主要贡献在教育领域,在忻州德高望重,根深叶茂,从者较多。其学术水准在当时忻州最高,忻州知州华典对他极其赏识,聘为秀容书院主讲,并让他一同编撰《忻州志》,在忻州曾名噪一时。

第四任山长是忻州泡池村董宇炜。董宇炜,字青平,一字彤云,号砚农,道光十四年(1834)中举人,道光二十四年(1844)中进士,授平阳府儒学教授,咸丰九年(1859)任秀容书院山长。自幼喜文,对先贤追崇不已。1844年考中进士后,无意政界,在山西平阳府任教,一生以启迪后学、表彰先贤为志,曾搜集前辈崔嵘诗文,编辑成《乔梓集》传世,以励后学。由于在学界威望很大,遂在晚年被忻州知州张其恕聘为秀容书院主讲。张其恕十分重视教育,重视秀容书院的修复和保护,做了不少工作,他在聘请董宇炜担任秀容书院主讲后,实际上也就是让董宇炜协助其在忻州开展教育工作,也就是说董宇炜当时也可看作忻州的教谕,地位很高,深得多任忻州知州器重。

第五任山长是忻州董村郝椿龄。郝椿龄,字曼修,咸丰元年(1851)举人,大挑一等,以知县用,改就教职,补蒲县儒学训导,数年归家后,设帐授徒,在忻州有很大影响,故而忻州知州方戊昌聘他为秀容书院主讲,前后二十余年。编辑《忻州志》,善书能文,所著作品今大多不存,被评价为"郡中碑碣多出其手,所为诗古文词,多不存底稿"①。意即本县碑碣多出其手,其社会地位及影响力可见一斑。今只存有碑记《用九赵先生教思碑》《达夫王公暨配李宜人墓表》两篇。除学术外,对于地方公务也多有襄助,历任忻州知州都对他十分敬重。

第六任山长是忻州北关七贤巷米毓瑞。米毓瑞(1853—1909),字兰田,号香樵,忻州北关米氏世家第十五祖,祖辈从商,清同治十一年(1872)成为本州儒学生员,同治十二年(1873)赴山西晋阳书院学习。光绪三年(1877),其父病故,生活艰难,他以教书补贴家用。光绪七年(1881)被山西学正王可庄评为翰苑才,调省令德堂肄业,被评为优贡。光绪九年(1883)朝考二等,以教职用,任临县教谕。后因祖父病故,回家守孝两年,期满后任垣曲县训导。光绪十四年(1888)戊子乡试中举人,光绪十六年庚寅中进士,殿试二甲,赐进士出身,点翰林院庶吉士,金榜题名,成为忻州北关第一名进士。此后回原平崞阳书院讲学,后到太谷凤山书院讲学。光绪十八年被评为翰林院编修。光绪二十六年在忻州秀容书院任主讲,光绪二十八年秀容书院改学堂后任总教,

---

光绪三十年被光绪帝授为御史,光绪三十三年被授为通议大夫,赏顶戴花翎,任江西道监察御史。1909年秋末,病逝于赴江西途中。米毓瑞思维敏锐,于政于文见解独到。考中进士任忻州秀容书院主讲期间,坚决上书光绪皇帝,作文《请选任州县以资治理疏》和《请实行禁烟宜断厘税疏》,对州县官员的任命及禁烟后国家的税收短缺问题,提出独到的见解,被光绪皇帝授为御史。两篇奏疏不仅在当时有石破天惊之功效,就是在现在看来也有很大的参考价值。一生为文较多,又善书法,熟悉史鉴。今有文13篇、诗56首传世,是其门人马北园搜集而编。

(二)山长们的作品与思想

秀容书院山长大都是进士出身,有的还做过朝廷官员,有的曾任基层教谕或训导。他们不论身居官位,抑或退休任秀容书院山长,都保持忧社稷、重民本的一片丹心。

米毓瑞值得大书特书。从现有资料看,曾任忻州秀容书院山长的米毓瑞的表现最为突出,虽说关心国事,为主分忧,是古代朝臣的本分,无论为官,还是为民,都是应该的,但是光绪末年秀容书院山长米毓瑞在这方面出类拔萃、鞠躬尽瘁,值得大书特书。

米毓瑞虽然一生清贫,但这并不妨碍他对国事的关心,虽然身处困境,但对国家弊端的关怀远远超出对自己的关心。1898年冬,他因祖父病逝闲居家中,看到"百日维新"刚刚结束后,州县混乱,甚至已经威胁到国家安危。在这种情况下,他以一介知识分子的胆识及胸怀,向光绪皇帝呈上奏疏《请选任州县以资治理疏》,在奏疏中他大胆指出州县的弊端:"如臣籍隶忻州,往岁在籍守制四年之中,凡八易官。现在朱善元补授忻州实缺,于今已历四年之久,尚未到任。其间委署代理者,又四五易官矣。一州县如此,推之,他州县及他省之州县,大略可知。夫州县之官虽小,而其系天下之安危者实大。盖州县得人,则生民乐业,鸡犬不惊,天下大安。不得其人,无论其敲剥民膏,即或讳言水旱,或姑息匪类,而地方渐以多事,驯至生民失业,盗贼窃发,几于

131

不可救药。皆亲民之官,贻之咎也。"①直言州县之官频繁调换对国家和社会的危害,并提出自己的见解:"州县不可不慎选,而其能使百姓富庶,风行俗美,则尤在久任之一法。否则事方兴而已去,或治未半而中止。虽在无事之时且不可,况今新政选举,必须地方官经久其事,始可条理就绪。而朝易一官,暮更一令,为州县者,方奔驰暖席之不暇,又乌能与斯民谋利赖乎?应请饬下吏部更定选章,凡以州县用者,无论外补内铨,必须慎择其人。既奉上谕补授,各直省督抚即应饬其赴任,其间不得多设委署代理名目,以为调剂私人之地。到任之官于一年之后,责成知府巡道察其吏治之能否?申详督抚,予督抚以举劾之权,而不予以更调之柄。其州县之有治效者,准列其政行实绩,上请于朝。俟其任满或复任或选擢,听候谕旨,其不肖者,则直劾归田里,开缺另选。"②

米毓瑞对国家大事也提出自己的真知灼见。1900年前后,当时财力空虚的清政府陷入禁烟和税收两难境地:如果禁烟,必然减少厘税;如果不禁烟,则危害人民群众生命健康,有的官员也染此恶习,致社会风气颓败。当时清政府有严厉禁烟的大臣,有主张通过盐斤加价增加财政收入的大臣,弄得皇帝也好为难。在这种情况下,生活在基层的进士米毓瑞看到国家的危难,提出自己的见解,并上疏光绪皇帝:"窃谓天下无不食盐之人,以人民之众计之,此省不足而彼省有余,彼此相剂,当无不敷之处。应请仍饬度支部,无论产盐销盐省分,但使称斤别量即照章加价,先备抵补土膏之款,再行分拨别项。并将每年应奉宸苑、岁修之款,恳请从缓,而以抵补足额为要务。有此抵补之款,则厘税一项,自应立予断绝。应请旨将统办土膏厘税大臣先行裁撤,并请饬下禁烟大臣,札行各直省督抚,严饬所属……盖不严禁种无以禁绝,根株不断,厘税或者犹存观望。至若城市村镇各店各铺,历年存储

---

①忻州市忻府区地方志办公室:《秀容诗文存》卷十,2008,第277页。
②同上。

土膏不啻山积,应悉给价查抄,封闭入官,其有癥癖难速改者,从官酌给亦无虑,不能曲全。是故逐年递减,乃仁至义尽之发端,立刻芟夷实雷厉风行之要道。"①在此基础上,他进一步指出怎样舒缓盐斤加价后给百姓带来的困难:"再盐斤加价,度支部原拟以替暂之云者,固一时权宜之计。将来必须别筹的款以为抵补。臣愚以为铁路进款本为十年前所无,无论京张津浦方多组织,但就现在而论,西如芦汉,东如京津、津榆,其进款已日形畅旺。应请饬下督办各铁路大臣核实估计,就中先筹定抵补厘税的款,然后再行分拨别项。夫生财有道不为撙节,则常苦不足。酌缓急以行之,俾有抵补厘税之的款,速停盐斤之加价,斯民幸甚。"②他提出用海上货运补给的办法,并认为盐斤加价是"权宜之计"。虽然他的个别见解很值得商榷,如"应请旨将统办土膏厘税大臣先行裁撤",即让皇帝自己裁撤派去禁烟的大臣,实际很不好办,但从整体来看,还是有值得称道的地方的。

米毓瑞的《朋党论论》。针对清朝光绪后期朝政混乱的时局,米毓瑞看在眼里,急在心上,写出著名的《朋党论论》。这是继北宋欧阳修《朋党论》和苏轼《续欧阳之朋党论》后又一篇抨击朋党的力作。米毓瑞通过回顾历史上的朋党之争而列出朋党之论,在此基础上提出自己的见解:"顾或者有鉴于蜀洛之分党,甚而为元祐之立碑禁锢,似公之议论虽正,而实无与于治乱之数,则正不然。夫君子立言惟求其是耳,至于所言之行不行,则视乎用言者之取舍,非立言者之所敢知也。尝观朋党之说起于东汉之末,其继盛于唐亡之后,其流极于宋之元祐、绍兴之间。迭相报复,遂成积而难返之势。至有明以东林之党摧残天下之士,而其弊遂不可胜言矣,其祸可不谓烈矣哉!然而公之论,固历风霜而不蚀,垂金石而不刊也。迨苏文忠续论其后,而其旨益畅,其义益互相发明,乃痛切言之而卒不免覆辙是蹈者,此则关乎国运之废兴,殆

---

①忻州市忻府区地方志办公室:《秀容诗文存》卷十,2008,第278页。
②忻州市忻府区地方志办公室:《秀容诗文存》卷十,2008,第279页。

非言辞之所得而争者哉！"①在这里米毓瑞进一步强调朋党的危害，认为"其弊遂不可胜言也，其祸可不谓烈矣哉"。朋党问题关乎国运，不是靠言辞能够解决的。既然如此，这个问题理应引起当朝的重视。

热心本地教化的山长们。忻州秀容书院这几位山长除去对政治比较关心外，对地方文化也就是忻州的文化也表现出浓厚的兴趣，这从他们给忻州撰写的碑记中可以得到证实。

古代庙宇文化和基层人民群众的民俗文化息息相关。老百姓每年到一定的时候都要举办一定的仪式，有的祭拜本地神灵，有的祭拜本地故去的先贤，而对于庙宇破损的，则要进行修复，修复后要请本地名人写个铭文或碑记，表示纪念。这时候在忻州德高望重的秀容书院的山长们就在受邀之列，事实上他们也不遗余力在这方面做了大量的工作。

关帝庙位于忻州古城关帝庙巷，又叫护国寺，始建于唐贞观元年（627），重修于清雍正、乾隆年间，占地面积3032亩，房屋64间，寺内有戏台、山门、钟鼓楼、东西禅房等建筑，是忻州古城人们祭祀的一个很好的场所。崔嵘任秀容书院山长后，恰逢古城关帝庙修复，百姓请他写个碑记，他于是做《重修关帝庙碑记》，开始就简明扼要，直奔主题，指出："自古圣地明王忠臣义士，生则为当代所钦仰，殁则为万世所尊崇。若是者，何也？真诚贯通乎天地，精神永留于古今。"②对为什么写此碑记，进行了说明。在结尾处鼓励士民做忠义之士，成为人们参拜的偶像："正所以昭示凡民俗子，皆有可以作圣之阶者，即在此乎？"③作者的良苦用心，一看便知。而对于忻州城的七贤庙中的七位贤士，他更是敬重有加，在《续修七贤庙碑记》中写道："迄今舍生取义，及剽悍雄健、视死如归者，往往而有，以为其土风，固然。夫孰知三代时，已有七子者，振厉奋发，呼号于千年以前。而其精神，直鼓舞于千年以后

①忻州市忻府区地方志办公室：《秀容诗文存》，2008，第280页。
②忻州市忻府区地方志办公室：《秀容诗文存》，2008，第331页。
③忻州市忻府区地方志办公室：《秀容诗文存》，2008，第332页。

乎？入斯庙者，宜何如景仰耶？工既竣，续经捐资者，前碑不及载，而又不可泯没也，复欲依前式，立石记之。"①对于七贤士精神，也就是绵延不绝的忻州精神大加颂扬，从中也可看出他心中的美好追求。

忻州书院最后一任山长米毓瑞很热心家乡文化活动，忻州州官们也乐于请他参加。1902年忻州知州建立明备局，在忻州的文庙开展一些文化活动，并着专人负责。明备局成立后，忻州知州许涵度请他写篇碑记，他写了《新建明备局碑记》。他在这篇碑记中首先说明写此篇碑记的原因及明备局的历史渊源，而后对明备局的成立情况做了浓墨重彩的描写，写道："惟是陈俎设醴，鸣球秉翟，兴夫升歌，间奏登降。周旋之节，秩然有以中乎条理。斯足以昭至德，而培化原矣。"并赞颂忻州知州许涵度"始慨然锐意举行之。捐廉俸为僚属倡，属司铎逯公经纪其事"，一个廉洁奉公、为民做事的好官形象呈现在我们后人面前。②

尊师崇教的教育思想。作为忻州学界的著名领航人，秀容书院这几位大师都对教育痴心不改，对人才培养鞠躬尽瘁。首先是尊师爱师。作为忻州的一代宗师，他们本身就值得忻州人民万分尊敬。作为表率，他们更是十分尊重自己的师长和同辈。巩惺斋是忻州的一位老师，德高望重，曾教过秀容书院山长薛河东，薛河东对他十分敬重。在这位老师八十岁的时候，薛河东已六十岁了，但还是为他的老师献诗，以表达由衷的敬意，原诗是："琴书几席溯追随，三十年前请业时。周帐春风坐霭霭，程门夜雪立依依。已无壮志观皇榜，犹有童心赴绛围。如此执经从古少，六旬弟子八旬师。"通过程门立学的典故，说出了与老师的深厚情感。秀容书院山长郝椿龄，一生尊师重教，在同辈赵培元（字用九）去世后，作《用九赵先生教思碑》，回忆与他相处的经历，字字血泪，充满深情。在谈到赵培元的教学时，他写道："先生自幼家中

①忻州市忻府区地方志办公室：《忻州直隶州志》，2006，第449页。
②参见忻州市忻府区地方志办公室：《秀文诗文存》，2008，第282页。

落,游庠后旋受生徒,其教人也严而不苛。每讲经史及词章,穷其原委,抉其窍要,俾学者领解而后已。以故从游之士踵相接,有不远数百里而来者,校舍至无以容。"一个严肃认真、德艺同馨的师长跃然纸上。又说道:"先生之学,强识果确。每阅一书,必摘其讹舛处笺识之。晚岁尤潜心著书,多未就而卒,士林惜之。"对赵培元痛惜敬重之情溢于言表。其次是教学有方。多年从事教育,且在多个书院担任过主讲的米毓瑞对教学方法有独特的体会,这些体会不仅在当时有效,即使放在现在也有一定的参考价值。米毓瑞的教学方法集中体现在他的组诗《读书·五咏》中。诗名《读书·五咏》,一是《校勘》,二是《笺注》,三是《论录》,四是《图考》,五是《思误》。在《校勘》一诗中,他强调要详细,要仔细辨别错误。在《笺注》一诗中,他强调做笺注是一项有历史责任的工作。在《论录》一诗中,他强调既然是论述,总得把事情说明白,并莫要诽谤圣人,耻笑他人。在《图考》一诗中,他认为要对书中的图例给予充分重视,如果图例不行,就是胸有万卷也是惘然。这也是我们现在十分重视摄影作品的一个重要缘由吧。在《思误》一诗中,他认为读书要思考,要看到书中的错误之处,更要权衡"毫厘"和"千里",然后做出决断。这五个读书方法,是他多年读书的心得体会和实践总结,我们也应该学习。他还告诫学生珍惜时间,时间对我们每一个人来说都十分重要,如果把握不好会后悔终生。对于这一点米毓瑞是十分清楚的,为此,他早年在太原令德书院的时候,就作过《白发歌》这样一首诗,感叹人生短暂,光阴可去不可来。在诗的开始他写道:"晨起理镜愕然惊,无端白发点点生。自念壮岁不应尔,相逼毋乃太不情。尔来宦游三十秋,矫首四顾隘九州。文章事业两未就,那堪萧萧雪白头。"后他在垣曲县担任训导的时候,也作过一首关于白发的诗,原诗是:"心经患难侵,身迫风尘骋。白发不饶人,那知愁对镜。"尽管如此,面对飘忽而去的时间,他还是告诫后人不要悲观失望,他在《白发歌》一诗中强调:"且喜皓首杨子云,穷经著文吐奇芬。又如矍铄马将军,铜柱标功尚出群。男儿发迹苦不早,毕竟英雄无妨老。但恐后此复蹉跎,坐看日月如奔梭。"①

　　诗文中的爱国情怀。秀容书院的这些山长都心怀国家,热爱祖国的一草一木、一石一水。这在米毓瑞的诗文中表现得十分突出。他年轻时曾多次在太原学习,同时利用学习之余,游历了不少地方。青年和中年时代,他又到垣曲、太谷等地工作,因此,见过的美景不少,这当然引发了他的澎湃激情。

晋阳诮夏②

作客年年在晋阳,每逢炎夏景偏长。

尔来颇得诮闲法,例作邯郸梦一场。

炊烟茂密古槐城,如蚁游人不断行。

却怪暑天凉似雨,满街绿树午阴轻。

楼阁人家画不如,珠帘倒卷晚晴余。

一湾湖水烟波静,日落黄昏看钓鱼。

葱茏佳气望汾阴,后土祠荒不可寻。

故事何须谈宝鼎,绿林深处听弹吟。

榴花开尽藕花香,占得东郊好纳凉。

不识绮罗谁氏女,也来池畔看鸳鸯。

寺开千寿笋飞梁,玉塔玲珑舍利藏。

六月行人挥汗雨,石幢宝盖自清凉。

十里风光沐雨新,狄村有景画难真。

梁公文采今何在,留得古槐荫后人。

西南五十里容与,尚忆晋祠是故居。

流水沦涟清见底,锦鳞穿过碧芙渠。

环溪祠树碧于烟,悬瓮山头访谪仙。

但见白云生足下,不知身到翠微巅。

石刻流传翰墨香,卜居喜近宝贤堂。

---

①参见忻州市忻府区地方志办公室:《秀文诗文存》,2008。

②同上,第264页。

抗怀先正典型在,珍重随时爱景光。

在《晋阳消夏》一诗中,他用酣畅的笔墨描写了晋阳在夏季的美好。该诗不仅表现出他缅怀先贤的思想,而且有高度的艺术性。本诗虽然是一组写景的诗,但这景究竟该怎么写? 他选用了"排比式时空意象",用在槐城下闲坐、湖边钓鱼、绿林深处弹琴、池畔看鸳鸯戏水、千寿寺石柱下静坐等一系列紧密关联但又风格各异的美景,来表达晋阳消夏的美好感受。通过写景与历史相结合,诗境组合,构成一篇佳作。他写晋阳消夏,并不局限于在晋阳度夏如何凉快这一简单的命题,而是联系到晋阳历史上的著名人物和事件:著名人物,如狄村的狄仁杰、悬瓮山的谪仙;著名历史事件,如唐玄宗挖宝鼎。使全诗不仅有了历史纵深感,而且增加了知识性。显然他并不是为写晋阳消夏而写诗,写诗的目的主要是表达对先贤的追怀。诗中提到狄仁杰,对山西这位能臣,他流露出敬仰之情,诗结尾处的"抗怀先正典型在",语气铿锵,落地有音、有力,正表达了他这样的思想。特别是他在诗中巧妙地提到的谪仙。谪仙是谁呢? 我们都知道,当年,四十余岁的唐代诗人李白经人推荐到了长安,见到当时已经久负盛名的贺知章,将自己在途中所写的《蜀道难》一诗呈现给贺知章,贺十分惊讶于李白的才华,将李白比作天上下凡而来的仙人,称李白为"谪仙"。可见,诗中米琇瑞提到谪仙,是在表达对李白的仰慕。至于他所说的要爱惜美景,爱惜自身,自然是他对生活和人生的总结,但对我们后代也不无启迪。此外,他还有一首写景的诗值得称道,那就是《晋祠行》[①],原诗是这样的:

晋山明秀晋水奇,翠滴晴岚绿满坡。

云霞满天成异彩,百道奔泉碎琉璃。

树远如霭缘溪入,锦鳞唼喋翔鸟集。

灵旗赛鼓祝年年,稻陇莲田均波及。

藕大如船红花开,遍地秧马不尘埃。

---

① 忻州市忻府区地方志办公室:《秀容诗文存》,2008,第272页。

晋祠自古夸名胜，诸公先后骋游来。

古柏如龙变不测，残碑古篆徐拂拭。

偶然题诗扫绿苔，头上留住片云黑。

源清涌出悬瓮山，百丈瀑布挂云间。

红寥欲遮汾水岸，碧玉疑种蓝田关。

泉喷难老宛跳珠，荇藻交绮凫鸥趋。

水如明镜波如练，多少尘缘淡得无。

他年乘兴亦时至，源头活水颇会意。

天光云影漾如何，风景远比旧年多。

纵观全诗，发现该诗不乏精彩之处：写山西美景时，他认为山西最突出的就是"绿满坡"，即"翠滴晴岚绿满坡"，用我们现在的话来说就是"绿色山西"，到处都是绿，用绿对山西景色进行了高度凝练的概括。而写晋祠时，他抓住了晋祠的特点，一句"晋祠自古夸名胜"就概括了这段的全部意思。其诗句概括力度也十分到位，如"古柏如龙变不测，残碑古篆徐拂拭。偶然题诗扫绿苔，头上留住片云黑。源清涌出悬瓮山，百丈瀑布挂云间"，对晋祠风景及古迹的描写，浓墨重彩，妙笔生花，字里行间，生机盎然，因此，该诗的艺术特色也就显而易见：一是先远后近，先大后小，逐步推进。诗名《晋祠行》，他却不是直接写晋祠，而是根据旅游行程的特点，先写山西山水，再逐步推进。二是先统后分，山西风景怎么写，晋祠风景怎么写，他并没有乱来，而是抓住各自最本质的特点先行概括，然后分别描写。三是诗句洗练庄重，文采斐然，全部诗句均符合旅游诗的特点，堪为写景诗里的上乘之作。正因为有这些特点，读完该诗后，也就留下了难忘的印象。

三、书院的修复与改造

秀容书院所在的忻州古城是一个以居住为主要功能，集遗产保护、文化展示、商业、旅游休闲为一体的具有浓郁地方特色的历史文化保护片区。秀容书院修复改造是忻州古城修复改造的一个重要组成部分。忻州古城始建于东汉末年，唐宋扩建，清末完整城池基本形成。

包括秀容书院在内的古建筑是忻州宝贵的历史文化遗产,随着时代的推移,古城发生了很大的变化。

(一)改造前基本状况

2016年我赴忻州实地考察时,书院总占地面积21275平方米,建筑面积6992.97平方米,有房屋208间,现存建筑尚有百分之六十为旧式建筑,分下、中、上三院。下院,现在主要是教职工宿舍院(5层30户)及楼下院北的30间生活用房,西面有宿舍配套用房14间(上下各7间),西北角有锅炉房(2间),南面有配套用房(连同门房)12间,建筑面积共3814.8平方米。此外,在家属楼北院有一四合院,居住教师两户。四合院内有正房5间、东西房8间,共13间。白鹤观(又叫文昌寺),位于秀容书院东面,原不属于秀容书院,建于唐代,晋天福二年(937)重修,传说每年二月十五道教贞元节这天,有白鹤降临观内,因此闻名。后秀容书院建起,白鹤观就和书院融为一体。2016年,白鹤观有房五间,建筑面积约150平方米。中院建筑面积为1284.26平方米,其中古建筑507.26平方米,新建筑777平方米。南北共四排,其中新建1排,原有建筑3排,共13间;东西各1排,东面13间(其中新房5间、旧房8间),西面小二楼,上下各8间。上院建筑面积为2623.82平方米,其中古建筑面积2318.82平方米,新建筑305平方米。分五层:第一层有3排教室,共9间。第二层为书院核心部分,呈日字形结构,有正房4排,共25间;东、西房各1排,各13间;操场一块,厕所5间。第三层正房共4排,前3排每排各5间,其中最北面的是新房,两层楼结构,上下各6间,共27间;西房10间,无东房。四层有东房5间,南戏台3间,南房5间。第五层有正房4间,西房3间,南房5间,东房4间。西面崖顶上有三个风景亭,分别是六角亭、八角亭、四角亭。其中四角亭下有西房5间。八角亭下面有破败院落一处,南北长约15米,东西长约100米。书院保护范围东至职中宿舍院东墙,西至围墙及崖体,南至秀容巷和文昌巷,北至操场围墙。建设控制地带,以保护范围为界,四面向外各延伸100米。

（二）修复改造与现状

为了保护和传承珍贵的历史文化资源,提升城市文化品牌,促进忻州旅游业发展,忻州市政府2017年启动古城保护改造项目,拟投入约10亿元,秀容书院是其中的6个项目之一。

当时的修复改造,一是按照修旧如旧原则,原有院落基本不动,保持原风貌进行修葺。在已有基础上对一些旧建筑适度增补一些明清建筑风格,增加一些明清文化信息,建成后形成集观光、休闲、度假等为一体的景区。二是撤出忻州一职中(2011年已撤出),腾出原校址进行建设,一次规划,分期实施。三是与城中村改造相配合,拆除下院五层楼,保证建设改造到位。四是招商引资,以让利商家,功在社会。

在当时的计划中,拟与秀容书院配套改造的忻州古城主要街道有14条:(1)南关大街(云中东路—南城门楼);(2)光明西街南一巷(兴寺街—光明街);(3)云路巷(东大街—学道街);(4)云中东路(南关大街—光明街);(5)城南新街(南关大街—云中南路);(6)顺城街(南城门楼环路—云中东路);(7)东大街(南北大街—云中东路);(8)兴寺街(规划路—云中南路);(9)光寺街东巷(云中南路—云路巷);(10)学道街(南北大街—云中东路);(11)南城门楼环路(南关大街—南北大街);(12)东城门楼环路(东大街—云中东路);(13)光明街地道南、北侧辅道(公园北巷—云中东路);(14)云中南路地道东、西侧辅道(规划路—云中东路)。道路改造已经在2017年10月完成。

书院本身多数为旧式建筑,书院所在地形西高东低、高低错落,平面布局分为上、中、下三个院落。秀容书院上、中院为文物修缮部分,修缮面积3586.30平方米,包括白鹤观、文昌祠、书画院、廖天阁、文昌寺、戏台院等,恢复重建面积3881.45平方米,包括六艺园、配房、山长室、藏书楼、吕祖阁、碑廊、牌坊、观景台、护坡等。到2018年10月,包括秀容书院在内的一期修复工程已经全部完成。

至2020年,忻州古城三年来的重建工作取得了重大成就,如今,一到忻州映入眼帘的是一道道拔地而起、雄浑古朴、厚重典雅的古城墙,北城门楼上气势恢宏的"晋北锁钥"巨匾无声地诉说着历史。"层楼城上倚天风，万里空蒙一望同"，千百年前的金戈铁马、雨雪风霜扑面而来。古城怀抱中，重修后的书院旧貌换新颜，古朴典雅的明清建筑风格透出清幽，古柏与古祠使得这个院落充满历史沧桑感，百年戏台上随时可以粉墨登场，不时举办的翰墨书画展览吸引着游人驻足，沿着那七十七级台阶拾级而上，伫立于红柱绿瓦飞檐的六角亭中，九龙岗上望晴川，卧牛古城接远天，彪炳史册与传世荣耀，都藏匿在书院里。

四、结语

秀容书院是山西省唯一保存完好且具有教育功能的书院。当年知州鲁潢创建书院时选址城西南九龙岗的白鹤观，1902年书院改为新兴学堂，全省首例，后又将南邻的文昌寺并入，扩大了办学规模，1912年的新兴学堂改忻州中学堂，废州改县后成忻县中学校，1954年改称山西省忻县师范，1981年改为忻县三中，1983年改为忻州第一职业中学，2013年忻州第一职业中学迁往胜利街秀容中学后，书院基本闲置。可以说，秀容书院的变迁是各地书院变迁的缩影。

不可移动文物（或称古迹、史迹、文化古迹、历史遗迹），是先民在文化、建筑、艺术上的具体遗产或遗址。很多大型遗迹，只能存在于研究报告和复原蓝图中。而秀容书院以其完好精美、规模可观在省内以至国内也属少见。它与当地古城古建水乳交融，成为历史的化身。因其地处市井街肆，至今仍是当地人离不开的文化场所，以其丰富的历史文化遗存传承着独具晋北特色的文脉。

第五章　晋阳书院到山西大学堂

书院开创于唐代。北宋是书院的重要发展期,奠定了书院讲学、藏书、祭祀的基本规制及重要地位。明嘉靖年间,王阳明、湛若水等一批理学大家涌现,他们四处讲学,创建书院,书院开始逐步恢复。创建于明嘉靖九年(1530)的晋阳书院(最初称河汾书院),就是在这种形势下建立起来的。它是山西较为古老的书院之一,承载着山西明清之际学子(以及三晋官员和百姓)的梦想。从建立之初到光绪二十八年(1902)改制为山西大学堂,前后经历三百多年。历经风雨,几经变化,其承载的职能亦有很大的变化。在明嘉靖年间,晋阳书院主要是由民间学者宣传理学;明万历年间,张居正推行新政,禁毁书院,书院发展受到沉重打击;崇祯年间,晋阳书院又有所恢复。到了清代,书院不断演变,最后消亡。

一、河汾—三立—晋阳

太原市古称晋阳县,春秋时为晋阳邑。晋阳邑是春秋时晋国大臣赵简子的封地,后其家臣董安奉命在此筑城,始称晋阳城。初属晋国,后属赵国,西汉置晋阳县,为太原郡治,东汉时兼为并州治。

道光《阳曲县志》载"晋阳书院建自前明",晋阳书院究其渊源,最早是明嘉靖、万历年间设于太原的河汾书院。

明嘉靖九年(1530),山西按察司副使陈讲利用已迁走的巡抚衙门旧址,增建号舍,挂起"河汾书院"牌匾。翌年,再行扩建,筑三贤堂,祀奉讲学河汾、生长于河汾的古代先贤——王通、司马光、薛瑄,以此作为当时和后世士子的榜样。

河汾书院创建不久,明朝因忌讳书院"发声"、议论国事,遂诏毁天下书院,书院暂告停顿。

万历二十一年（1593），时任山西巡抚魏允贞鉴于书院被禁止、关闭、荒芜多年的实际状况，在太原府治西南右所街，将三贤堂扩大为三立祠，祀奉历史上的名贤55人。正殿供奉黄帝、尧、舜及夏、商名臣18人；左右偏殿分别供奉名臣18人、乡贤16人；另供奉寓贤卜子夏、田子方、段干木三位，每年按规定日期和仪式致祭。三立书院由此确立。

崇祯初年，时任山西提学佥事袁继咸从考生中择录优等生250人进入三立书院，并将三立祠名臣、乡贤增至71人。

崇祯十六年（1643），时任山西巡抚蔡懋德又对三立书院进行整顿，其中两大措施最为著名：一为聘请知州魏权中、举人韩霖、桑拱阳及傅山来院讲学。二为每月三集，集中讲学，初集讲圣谕，由地方绅士和乡老参加；再集讲经济，举凡国家大政、地方利害均在讨论之中，从政人员必须参加；三集讲制举，科举应试的士子必须参加。

顺治十七年（1660），巡抚白汝梅鉴于

太原侯家巷山西大学堂旧址

三立祠地势湫隘,又经兵燹,遂在太原府城东南侯家巷购地,建三立祠。

雍正十一年(1733)三立书院正式改名晋阳书院。自顺治十八年(1661)直至光绪二十八年(1902),晋阳书院一直设在侯家巷。

1902年在山西巡抚和英国传教士李提摩太的共同努力下,议定成立山西大学堂,晋阳书院的学生全部进入山西大学堂。又过了一年,即光绪二十九年(1903),山西大学堂购得晋阳书院东段200余亩瓜菜地和居民住宅,晋阳书院和省城令德堂书院正式合并,山西大学堂开始运作。

二、河汾书院

(一)河汾书院的创建

明朝前期,社会经济得到恢复。从明太祖朱元璋到明成祖朱棣,励精图治,都对经济及思想文化发展十分重视。明朝统一天下后,不仅加强统治,而且承接旧制,完善了取才制度,为培养人才可以说是处心积虑,几乎到了不拘一格、千方百计的程度。洪武十四年(1381)朱元璋将原位于南京集庆路的国子学,改建于鸡鸣山下,第二年改国子学为国子监,为明代高等学府,培养可用官吏,最高长官为祭酒,下设司业、监丞、五经博士和助教等。同时,在地方上设置府学、州学、县学等,府学设教授、训导,州学设学正、训导,县学设教谕、训导,专门负责基层文化教育方面的事务。随着经济、文化的进一步发展,明成祖开始着手编撰《永乐大典》一书,钦定礼部尚书郑赐为正监修官,挑选全国各地的名人3000多人参与编写。《永乐大典》目录60卷,分11095册,3.7亿多字,是一部前所未有的巨著。[①]可以说正是由于明代前期皇帝对文化的重视,对人才的重视,促成了地方对学校(即书院)建设的重视,山西晋阳书院就是在这种情况下建立起来的。在道光《阳曲县志》中表述为"晋阳书院建自前明"。史载,明嘉靖九年(1530)冬天,陈讲

---

① 参见《中国小通史》第十三卷,中国青年出版社,2000年版。

利用已经迁走的山西巡抚衙门旧址,增建号舍,挂起"河汾书院"牌匾。

陈讲,字子学,号中川,四川遂宁县罗家场(今四川遂宁船山区永兴镇)人,明正德十五年(1520)进士,翰林院庶吉士,授监察御史,巡按陕西;后任山西提学使、河南布政使、都察院右副都御史、山西巡抚。著有《中川文集》《茶马志》等书,《明史》有传。陈讲任职山西期间,十分重视教育,重视人才的培养。来山西后马上兴建书院,就是其重视文化教育的体现。

(二)三立祠奉祀人物与河汾道统

《左传·襄公二十四年》:"太上有立德,其次有立功,其次有立言。虽久不废,此之为不朽。"唐经学家孔颖达对这句话注解为:"立德谓创制垂法,博施济众;立功谓拯厄除难,功济于时;立言谓言得其要,理足可传。"此三者为古代圣人学子所追求的"三不朽"。明嘉靖年间山西按察使唐龙记载:"北为祠祀文中与文正与文清三乡先生。"河汾书院三贤祠,以此为理论依据,奉祀王通、司马光和薛瑄三人,以为书院士子学习的榜样。

王通,山西河东龙门(今山西省河津市)人,字仲淹,自幼才智过人,少时即师从多位名师。仁寿三年(603),去长安向隋文帝进奏《太平十二策》,主张尊王道、推霸略、稽古验今、运天下于指掌,得到隋文帝的看重,但因当时朝臣阻碍,未能推行;此后任蜀郡司户书佐、蜀王侍郎,不久辞官归乡。他回到故乡河汾后,首先集中研究六经,"续诗书,正礼乐,修元经,赞易道,九年而六经大就"。巨著完成后,转而讲学授徒,"往来受业者,不可胜数,盖千余人",盛极一时。所以"文中子之教,兴于河汾,雍雍如也"。隋大业十三年(617),因病去世。他死后,弟子数百人会曰:"吾师其至人乎!自仲尼以来,未之有也。""圣人之大旨,天子之能事毕也。仲尼既没,文不在兹乎"!其门人因《易经》中坤卦的《象传》有"黄裳元吉,文在中也"一句,私谥他为"文中子"。[①]

---

① 参见《文中子中说》,凤凰出版社,2017,第102—103页。

两汉以来,占据统治地位的历史观,是以董仲舒为代表的天人感应的天命史观,认为国家的兴亡和社会的变迁都是由天的意志通过福瑞和灾异来预示的,鼓吹君权神授、天命主宰一切。到了隋唐,随着人们认识水平的不断提高,这种历史观的粗陋和欺骗性越来越暴露出来,对社会现象的解释越来越力不从心,越来越失去威力。

王通第一个全面地批判了董仲舒的天命史观,如他针对董仲舒所说的帝王"改元立号"也是"受命于天"的神秘理论指出:"改元立号,非古也,其与彼心自作之乎!"①帝王改元立号这一套古代并没有,不过是后世帝王造出来的,怎么能说是受命于天呢?他认为,主宰人类社会历史以至自然万物的,并不是什么天命和神灵,而是"道",是圣人之道、周孔之道,也就是儒家历来主张的王道或仁政。王通还认为,天命也得服从道,受道的支配。这个道,就是人间道德,也就是德。因此,封建帝王必须遵从道、德,成为有道、有德之君。若帝王无道、无德,大臣可以废旧立新,以有道、有德之君取而代之,这叫"废昏举明"。甚至,若帝王失德无道,举兵反帝也是应该的。至此,王通否定了天命的最高主宰地位,以道、德史观取代了天命史观。

王通最基本的思想成就是"中道"。所谓"中道",包括以下三方面内涵,一为抛弃汉代神学化儒学的天人感应说,区分"天道"与"人道",主张"人道"的回归。一为提出"复礼"说,其中包含内外两部分,外为王道或"圣人之道",内为"穷理尽性"。一为"三教可一"说(实际上主张以儒为主下的三教合一)。至此,王通以其鸿篇巨制构造了一个批判陈旧儒学、兼容佛道的新儒学体系。后世尊其为一代大儒,《河汾道统——河东学派考论》认为:"实际上王通是两汉以后最早认识到儒家存在千年道统,并提出要继承此道统的学者。像他那样致力于续《书》《诗》,修《元经》,以弘道自任,此非有意继承道统而何!"叶平、田甲乐进一步认为,如果检校唐、宋以后的学术,可以看出整体上都受过河汾

①参见《文中子中说》,凤凰出版社,2017,第52—53页。

道统的影响,如宋代儒学对性理问题的探讨,以及理学对佛、道二教的吸收(与王通"三教可一"思想有关)。①

李元庆在其著作《晋学初集》中解释:"道统,即儒家传道的系统。春秋时孔子历叙尧、舜之言,开儒家道统说之端。战国时孟子继其说,以为'五百年必有王者兴,其间必有名世者':'由尧、舜至于汤,五百有余岁';'由汤至于文王,五百有余岁';'由文王至于孔子,五百有余岁'。并自命孔子道统继承者。西汉扬雄亦论及儒家圣人序列。唐代韩愈作《原道》以排斥佛、老,仿照佛教诸宗的祖统,正式提出'尧、舜、禹、汤、文、武、周公、孔、孟'关于道的传授系统说,以继承孟子自命。韩愈的道统说开宋代理学道统说之先河。……道统说也由此构成理学思潮的最显著特点之一,宋代理学家正是通过道统找到了理学与儒学的联结点,并为理学在学坛的崛起奠定了基础。"②叶、田文《千年道统在河汾》接着说:"……唐末由皮日休正式继承了韩愈道统的提法,韩愈讲的道统至孔孟而止,皮日休则将此道统世系延续下去,并将文中子列为道统世系之中。……其后的柳开、石介、二程、朱熹等人都正式承认文中子在儒家道统中的地位。……宋人黄履翁将王通之学称为'河汾之学术''河汾之学',说'中之为说,议论问答本乐天知命穷理尽性之书,盖孔孟氏之流派……',认为存在这样一个'河汾道统'。"③

司马光,字君实,号迂叟,山西夏县人,世称涑水先生,北宋政治家、史学家、文学家,历任仁宗、英宗、神宗、哲宗四朝大臣,官至尚书左仆射兼门下侍郎。元祐元年(1086)去世,卒赠太师,温国公,谥文正,为人温良谦恭,刚正不阿,配享宋哲宗庙廷,从祀于孔庙,称先儒司马光,其人格堪称儒学教化下的典范。学识渊博,涉及历史、文学、理学、

①叶平、田甲乐:《千年道统在河汾——评〈河汾道统——河东学派考论〉》,《平顶山学院学报》2011年第26卷第6期。

②李元庆:《晋学初集》,山西人民出版社,2003,第206页。

③叶平、田甲乐:《千年道统在河汾——评〈河汾道统——河东学派考论〉》,《平顶山学院学报》2011年第26卷第6期。

医学、音乐、律历等，且著作颇丰，主要有《通鉴举要历》《稽古录》《本朝百官公卿表》等，特别是编写了近400万字的《资治通鉴》，成为我国最为著名的史学家之一。在政治方面，反对王安石变法，坚持宗法及伦理纲常治国；在文学上主张"务为可用之文，推崇文以载道"，提倡写朴实有见解的诗文；他最大的成就在史学方面，用毕生精力完成《资治通鉴》。

薛瑄，字德温，号敬轩，山西运城市万荣县里望乡平原村人，明代著名思想家、理学家、文学家，河东学派的创始人，世称"薛河东"。明永乐十九年（1421）进士，官至通议大夫、礼部左侍郎。明天顺八年（1464）去世，赠资善大夫、礼部尚书，谥号文清，故后世称其为"薛文清"。明隆庆五年（1571），从祀孔庙。著作集有《薛文清公全集》。

理学自北宋正式形成，历经南宋和元代，至明初达到极盛。南宋朱熹是理学集大成者，他"致广大，尽精微，综罗百代"（《宋元学案·晦翁学案》），构建了一个完备、细密而庞大的理学体系。朱熹理学的出现标志着理学思潮高度成熟。南宋理宗时代，统治者逐渐发现了朱熹理学对维护封建制度的重要性，遂将朱著《四书集注》颁行天下，承认朱熹理学为官方哲学，并按照祭祀孟子的礼仪祭祀朱熹。元朝朱熹及其思想继续得到高度重视。明朝的特点是在高度强化君主独裁的皇权制的同时，大肆推行文化专制主义，对人们的思想严加禁锢，尤其加强了理学尤其是朱学的统治地位。明王朝尊奉朱熹思想和著述为神圣不可违的教条。这样，作为明朝政权精神支柱的朱学事实上已经变成禁锢人们思想的枷锁。

薛瑄讨论了道统的传承、道统的发展。就道的内涵与本体而言，他认为是性或人性。论性，还得从孔子、孟子那里说起。简单地说，道学的发展，就是关于人性的理论从不明到明，孟子、二程、张载皆有所发展，至朱熹则是一种充分的发展。关于人性理论本身，薛瑄并没有重大发展，只是做了些融会、折衷和进一步的阐发。薛瑄学说和程朱学说一样都是一种性理学说，但是程朱强调的是理，是一种理本说，而薛瑄强调的是性,是一种性本说。程朱是要为性找一个本体,这就是理;薛瑄则要将性本身作为本体,这样就为他的"践履之学"确立了根据,并在此基础上提出了复性学说。

他进一步完善和发展了程朱理学,在"理无穷,故圣人立言亦无穷"思想的指导下,提出了,知理而行者,如白昼观路分明而行,自无差错;不知理而行者,如昏夜无所见而冥行,虽或偶有与路适合者,终未免有差也。在实践中,他任御史、大理寺少卿和大理寺卿期间,清廉从政,执法如山,依法严惩了一批贪官,获得了清官的美名。这些都是他"践履"的思想及经世致用思想的成果。薛瑄对于朱学的系统批判使他成为"河东学派"的掌门人。

(三)政治儒学实践

代表山西河汾学派的王通、司马光和薛瑄,在他们从政为官后,都把政治儒学放在相当重要的位置。王通目睹隋末暴政,面对政治崩坏、不可救药的社会局面,大力提倡先秦儒学的革命思想。他说:"上失其道,民散久矣。"他对"布衣革命"十分赞同,看到隋朝的残暴与腐朽后,他毅然辞官归隐,效法孔子,在家乡讲学,兴教于河汾,其思想对其门人及唐初贞观之治的形成有很大影响。司马光同样是一位主张政治儒学的官员。面对北宋已经出现的政治危机,他主张怀民以柔,推行仁政,选用良将贤相,保证国家运转,保证百姓生活。他反对王安石变法,也可以看作他对传承已久的正统儒家思想的维护。薛瑄所处时代与王通和司马光不同。作为程朱理学的继承者,河东学派的掌门人,他进一步完善和发展了程朱理学,比如他对朱熹理学的批判改造不厌其烦,取得卓越成就:从朴素唯物论的宇宙观和认识论出发,极力克服朱熹理学陈腐空疏的弊端,也吸取了朱学注重实用的思想倾向,并将其发扬完备。在理论上和实践上积极倡导和确立了求实理、务实用的"实学"思想;提倡学者治经、治学要务实致用、力行实践!反对言不及行、虚而无用的"空言""多言",强调实践为主,重视"笃实践履"。他自己从政为官二十多年,在每一任上都有严谨踏实的政绩;他提出并践行的为政之道、为官之道,被称为"操履坚定";因执法严明,他多次被委以重任,官居要职。

应该看到,河汾书院祭祀的三位先贤,都曾入仕,但却并不是一帆风顺,其中王通初做官几年,曾任蜀郡司户书佐、蜀王侍郎,而后辞官归隐讲学;司马光做官多年,后因反对王安石变法,而到洛阳隐居;薛瑄则仕宦二十余年,最后也是辞官归隐,致仕还乡。他们身上都体现出一种受儒学熏陶的古代知识分子的精神。《论语》云:"天下有道则现,无道则隐。"入世的目的是经国济世,当条件允许经国为政的时候,就要为官从政,造福国家;当条件不允许为官从政的时候,就隐居山野,从事讲学著书,从另一个方面,用另一种方式,服务社会,造福人民。王通在隋文帝仁寿三年(603)上奏隋文帝《太平十二策》,畅言王霸大略,遭群臣嫉妒而隐居,他为此作《东征》感叹道:"时异事变兮,志乖愿违。吁嗟!道之不行兮,垂翅东归。"王通辞官归家乡白牛溪后,钻研六经,博采众长,完成续六经,且聚众讲学,门人常以百数,终成"圣人"。他讲学的那条溪,被称为"王孔之溪",又因为他读书讲学的地方临近河汾,后人便称他"教授河汾",他的学问被称为"河汾之学"。相比于王通,司马光在政治上要顺畅得多,风光得多。他历仕四朝,且曾担任要职。宋熙宁三年(1070)二月,司马光连上五封札子,自请离京,退居洛阳,续编《资治通鉴》。元丰七年(1084)编完。神宗皇帝赐书名,并亲自写序文。近代著名学者梁启超评价《资治通鉴》时说:"司马温公《通鉴》,亦天地一大文也。其结构之宏伟,其取材之丰赡,使后世有欲著通史者,势不能不据以为蓝本,而至今卒未有能逾之者焉。温公亦伟人哉!"《资治通鉴》的完成,是司马光经国济世、为民造福、为世存史的最好印证。薛瑄从政二十多年,最后虽被任命为翰林院大学士,入内阁参与机务,但此时他已年老,且对明朝江河日下的政局十分不满,最后以老病为由归乡隐居,聚众讲学,创立了河东学派,门徒遍及山西、河北、河南、甘肃等地,被后世称为"开明初理学之冠""开明代道学之基",所著《读书录》和《读书续录》影响甚大。明隆庆五年(1571)九月,朝廷降旨准予薛瑄从祀孔庙,称其为"先儒薛子"。

对于建祠的意义,王骏光做出卓越评价:"三贤祠的创建,受到嘉靖礼制改革的影响,士人在祠祀中寄托了维系河汾学统,欲与'伊洛'学脉在思想界形成争鸣的愿望。"①

万历年间,罢毁天下书院,河汾书院即行停办。②

三、三立书院

(一)三立书院的创建

明代中期将河汾书院改为三立书院是有原因的。明代前期到中期,书院盛行于各府郡州治地,书院中"讲学自由,议论朝政,裁量人物"的清议之风盛行一时,对当时的社会风气和吏治造成一定影响。明万历皇帝朱翊钧采纳了执政宰相张居正的建议,试图封闭言路,遂令"毁天下书院"。山西的河汾书院,也在被毁之列,明万历七年(1579)停办。到了明万历二十一年(1593),当朝重臣魏允贞巡抚山西时,因见书院荒废多年,有恢复重建之心,但又怕人举报,遂以建三立祠为名,将河汾书院改名为三立书院,并由原巡抚衙门迁址于太原府右所街。

我们可以看到,此时的三立祠地处山西太原府治阳曲县,就行政区划而言,属于太原郡。太原郡,战国秦庄襄王四年(前247)首置。此后行政区划几经变迁,在唐开元十一年(723)改并州为太原府,治所在太原县;北宋嘉祐四年(1059)迁治所至阳曲县。元代为太原路,置山西宣慰司。明初复为太原府。

(二)从主要人物看三立书院的思想传承

明朝从中期开始就面对严重的社会危机,张居正禁毁书院,程朱

---

① 引自王骏光:《两代之典:山西太原府三立祠与明清思想的转换》,山西大学硕士学位论文,2017。
② 王欣欣:《山西书院》,三晋出版社,2009,第94页。

理学日益腐坏。作为对黑暗的严酷专制统治的思想反抗，阳明心学兴起，一套个性化、追求人性极大扩充的思潮迅速占据显学地位。"从南宋末年，到明朝中叶，完全成一个朱学独占的局面。所谓一代大儒，如许鲁斋、薛敬轩辈，都不过陈陈相因，谨守朱子门户。道学至此，几乎纯成一种烂熟的格套了。于是乎首先出来个陈白沙，既而又出来个王阳明，都举起道学革命的旗帜，一扫二百余年蹈常袭故的积习，而另换一种清新自然的空气……"①可以看出，这个时代，以薛瑄为高峰的河东理学已经失去了学术中心地位，而完全退落到当时思想阵地的边缘地带。然而，鉴于晚明清初是中国封建社会发展到极盛、商业资本萌芽时期，作为统治阶级的地主阶级遭遇严重的社会危机，其自救运动盛极一时，反映在思想方面亦五光十色。社会的发展不断催生进步思想，可以说一波未平一波又起，王学占主导仅仅是时代精神的一个方面。到晚明，阳明心学一方面把朱学末流墨守训诂辞章的积习扫除，单刀直入，专明本心，警切通透，另一方面，在王学中出现了推向极致的行为，如束书不观、游谈无根、空腹高心。王学中的心斋等学派之人的思想、行为引起惊怪，甚至有出乎名教者。有鉴于此，晚明时期，思想界出现了"由王返朱"的趋势，在这种环境中，师古以救世成了一种合理的逻辑。也就是说，思想界存在的反省并修正阳明学流弊的潮流，与明代中后期历史环境中存在的师古心态，二者逐渐融合，最终催生出三立祠。

我们结合与三立书院有关的几个人物来看看当时北方理学界的情况。

魏允贞（1542—1606），字懋忠，号见泉，明大名府南乐县人。历任湖北荆州推官、山西道监察御史、右佥都御史、山西巡抚、兵部右侍郎等职，卒谥"介肃"。万历十年（1582）任山西道监察御史；万历二十一年（1593）以右佥都御史身份巡抚山西。来山西后，重建三立书院，作

①嵇文甫：《晚明思想史论》，北京出版社，2014，第5页。

《原学示书院中诸生叙》一文,开篇这样说:"自愚不知学,盖尝闻学与夫子矣。其首章曰:'学而时习之。'第未显说所谓学且习者安在,遂生后学妄议。然继之曰:'弟子入则孝,出则弟,谨而信,泛爱众而亲仁。行有余力,则以学文。'弟子之学,不可知耶? 即伦理,而未尝废乎诗书六艺也。"①从文中不难看出,魏允贞所倡导的还是"学而习""谨而信""爱而仁""诗书六艺"等。魏允贞认为,由于书院禁毁,荒废已久,现在要恢复书院,必须重新确立孔子的儒学思想,作为学子们的思想基础。一切的课程安排、书院的所作所为,都要以这一思想为指导和核心。可以说魏允贞倡导的孔子的儒学思想,是三立书院的立院之本。

魏允贞基于阳明思潮之盛,而思有所正,创建三立祠,以"祠其乡之先哲"的示范功能召唤"古之道术",呈现出文献中心导向,拒绝心学以体悟为先的治学论,三立书院的学风因此趋向严格。万历二十九年(1601),提学王三才将书院与科举两相衔接,严格区别"正途"与"异术",这种做法与明末书院的自由放任风气相反。②

除此之外,魏允贞早年间就有批评阳明学的思想倾向。万历十一年(1583),魏允贞因上《陈四事疏》外谪,却因此颇得时望,不久转南吏部。魏允贞于供职南吏部两年间,结识了一批同气相求的友人,其中包括唐伯元。唐伯元,字仁卿,广东澄海人,力抵阳明"无善无恶"说,认为"六经无心学之说,孔门无心学之教,凡言心学者皆后儒之误"。魏允贞对阳明学流弊的反省很可能受到唐伯元的影响。③

袁继咸(1593—1646),字季通,号临侯,江西宜春人,天启五年(1625)中进士。崇祯三年(1630)升任御史。崇祯七年(1634)升任山西提学金事。崇祯十年(1637)任湖广参议,分守武昌。崇祯十三年(1640)任湖北郧阳巡抚。后坚决抗清,于顺治三年(1646)英勇就义。

①魏允贞:《原学示书院中诸生叙》,《三立祠传》附录。
②王骏光:《两代之典:山西太原府三立祠与明清思想的转换》,山西大学硕士学位论文,2017。
③同上。

清乾隆四十一年(1776),清廷追谥他为"忠毅"。清咸丰八年(1858),宜春人在宜春台下建"袁忠毅公祠",奉神主而祀。

崇祯初年,全国社会矛盾进一步加剧,内外矛盾日趋加重,国家面临灭亡的危险。面对这样的情况,袁继咸于崇祯七年(1634)担任山西提学佥事后,很快着手三立书院的修复工作,他在《六柳堂遗集》中写道:"(崇祯九年)春试毕回署,察晋阳旧有三立书院,旧抚魏见泉先生创建,祀皋夔稷契益诸贤人,而以名宦乡贤配东西庑,岁大比,则择晋士之秀者讲肄其中,官给廪饩,后祀事淆乱,废者二十年矣。"[1]

在明朝急剧衰落的情况下,一生以"忠君爱国"为信条的袁继咸积极呼唤社会各界人士站出来支持岌岌可危的明朝。他让社会贤达站出来讲解圣谕、国家政治、经济要务、科举考试制度等,希望有更多的人出仕为官,为国出力。这时书院的经世作用相比过去更加凸显。

蔡懋德(1586—1644),字公虞,号云怡,南直隶苏州府昆山人。少时即爱王阳明心学,常以《拔本塞源论》教育后辈。万历四十七年(1619)进士,历任杭州推官、祠祭员外郎、江西提学副使、浙江右参政、右佥都御史等职。崇祯十四年(1641)冬,出任山西巡抚。1644年,李自成攻破太原,他带领五千兵将抵抗,失败后,拒绝听从手下逃跑的建议,在三立祠自尽,为明尽忠。蔡懋德主政山西期间,"间辄讲学三立祠,益会诸名士及学生"。魏禧记载蔡懋德于三立祠设讲会,聘傅山等主之。当时李自成攻打陕西甚急,警讯遝来山西,为应对凶险时局,蔡懋德聘请名人,主要讲解内容包括战守,以及"圣谕六言"、经济、制义等,可见这时三立书院的功能已随局势的发展,变成真正的"经国济世"。

从天启到崇祯,三立祠几经沉浮,承载的文化理想也随之流变。历经几度调整,却徒劳无功,折射出儒家士人在大明走向倾覆的世运

---

[1] 袁继咸:《六柳堂遗集》卷上,《四库禁毁书丛刊》集部第一一六册,北京出版社,1997,第403页。

下强烈的焦虑与挫折感。①

四、清代书院的思想特色与历史沿革

(一)清初的社会背景与三立书院的恢复

清顺治元年(1644)四月,清以多尔衮为奉命大将军,统帅征明,进逼山海关,打败李自成后,八旗军顺利入关。这年10月,清幼主福临(顺治皇帝)从辽宁盛京迁居北京,举行登基大典。之后,推行"首崇满洲"和"满汉一家"的基本国策,在文化上推行教化,服膺孔子,尊孔读经,讲究节孝礼仪,要天下士子笃守"圣人之道",兴文教,崇经术,以开太平,并提倡经筵、日讲。清顺治三年(1646),清延续明朝开科取士的做法,广纳中原士子。顺治十四年(1657)九月,清廷还举行了清朝历史上第一次经筵盛典,祭告孔子于弘德殿,表明清廷认同中原汉文化。②

清康熙年间,延续顺治时代初步形成的文化政策,继续尊崇儒教。康熙十六年(1677)十二月,康熙在《日讲四书解义》序中,明确宣布清廷要将治统与道统合一,以儒家学说为治国之本。这些都为全国各地书院的发展奠定了基础。

山西最高学府三立书院就是在这种背景下迁址和完善的。清顺治十二年(1655),清奉天沈阳人白汝梅(隶属汉军镶白旗,号懋韩)出任山西巡抚。上任之后,安民抚众,后经数年,山西基本稳定,开始谋划教育发展,鉴于三立祠地势湫隘,又经兵燹,故将三立祠迁址,在府城东南侯家巷购地,即在书院街原河汾书院故址,新建院舍百余间,花费白银两千余两。我们现在从《白公懋韩重建三立碑记》中可以看到迁址原因:"顾其地势湫隘,燹磷颓圯,不堪改为,购地城东南隅,鸠公庀材,遂成杰构云云。然其事实创,其名则仍者……是役也,经始于顺治庚子季秋,明年暮春落成。位向阳,有重门甬路,厅堂五楹,左右试

---

① 王骏光:《两代之典:山西太原府三立祠与明清思想的转换》,山西大学硕士学位论文,2017。
② 参见《中国小通史》第十三卷,中国青年出版社,2000。

厦十三间……中峙高阁五楹,上则古圣贤之尤著于晋者,下壁碣宝贤堂名迹。"①

总结起来,清初顺治、康熙年间的三立书院有如下特色:

回避社会关注,接受清政府干预。在清代初期,山西三立书院得到重建,但书院的主要功能仍是山长讲学和士子科考。由于顺治和康熙都推行儒教,尊重儒教,所以书院讲学的内容还是以正统的儒学为主。由于清廷较为害怕汉人威胁到满人对社会的管理,自然要干涉书院的讲学内容,书院讲学严格意义上并不自由。书院主讲由巡抚聘任,讲学内容也由巡抚确定。书院承载的思想文化仍是传统的儒学,用来巩固清初国家对社会的管理。书院起着稳定社会的作用,远远不如明代中期和后期自由。

以诗取士,书院开设文艺科目。康熙年间,为收民心,清朝在会试的时候开博学鸿词科,选拔"奇才硕彦,文辞瑰丽"之人,一批诗歌天赋高的学子被录选为进士。山西的傅山先生也有幸被录取。虽然在太原乡试的时候,主要科目还是八股文,但文艺科显然也有所发展。书院开设文艺科,也就很好理解了。

(二)清代中后期的晋阳书院

在清顺治、康熙尊重儒学、建立和恢复书院的基础上,到清雍正、乾隆、嘉庆年间,儒学和书院都得到进一步发展。

藏书刻书,服务大众。书籍是传播知识、保存文化、开启民智的重要工具。晋阳书院作为山西古代的教育机构,在发展过程中,藏书、刻书的功能一直未变,而且随着官方的重视、书院的发展,书籍的收藏、刻印也多起来。据王欣欣所著《山西书院》一书统计,嘉靖年间的晋阳书院(又叫三立书院)有藏书1600册、学田100余顷、住院生员150名。另据《开发馆藏古籍文献　传播古籍文化经典——山西大学图书馆古籍图书研究成果回顾》一文,到了1902年晋阳书院改为学堂的时候,善

---

① 《三立祠传》附录。

本有345种4129册,分经史子集四部,明清集部最多。2018年山西大学图书馆整理出馆藏碑帖,包括整纸拓片和成册拓本两种形式,分为碑碣、刻石、墓志、摩崖、经幢、题名、诗词等,完成了碑拓类792种、墓志铭251种、题名类206种、帖类96种的编目工作。这里需要强调的是,山西大学图书馆馆藏书籍是以明清为大宗,其中不乏善本。在明刻本中,最早的是明正统十三年刻唐代柳宗元著《增广注释音辩唐柳先生集》。又如《詹养贞先生文集》、《御风阁集》、《溉园集》初集二集等,为海内孤本。其他如《篁墩程先生文集》《宗子相集》《庄渠先生遗书》等,亦为稀见之本。清刻本在馆藏中数量多、品种全,康熙、乾隆年间刻本占其三分之一。此外,清顺治十四年刻的《静远居诗选》、康熙四十年海宁王氏刻的《渚山楼诗集》等也为重要馆藏。馆藏抄本虽仅80余部,但旧抄不乏,如清内府抄小红绫本《大清咸丰、同治实录》与故宫藏本为一套。明嘉靖刻本宋王安石著《临川集》、清康熙十六年抄本《兰庭集》、山西近代名人郭象升批校的清傅山所著的《霜红龛集》、清徐嘉炎所著的《抱经斋集》等均有。

三教并重,繁荣儒学。雍正继位后,十分重视儒学教育,他因循顺治、康熙二帝"崇儒重道"的国策,教化民众,同时也主张"三教并重"、以"诚"代"理",对程朱理学进行改造。雍正十一年(1733),诏令各省省会设立书院,并下拨银千两作为创办经费。此时山西三立书院正式复名为晋阳书院。

考据兴起,科考目录也有变化。雍正十分重视传统儒学,为儒学进一步发展开了个好头。乾隆十三年(1748),山西巡抚扩建书院。乾隆十八年(1753),山西新任巡抚购得学院东面的开阔空地新盖讲堂、书舍,并新建祭祀明殉节巡抚的殿舍。乾隆二十九年(1764),新任巡抚再建房子四十余间以及魁星楼、大照壁等,晋阳书院可谓鼎盛。

与书院重视儒学相伴而生的是,由于康熙、雍正、乾隆一直对汉族异己分子打压,文字狱从没间断,汉族知识分子稍有不慎,就会掉进文字狱的陷阱,而给自己带来天大的罪名,遭受灭族之灾。因此,言必有据,考据古典,慎重说话作文,就成为全国知识分子必须注意的事情,考据学由此兴起。乾隆到嘉庆年间,在考据风主导之下,科举程式应时而变。乾隆二十二年(1757),"诏赐旧习,求实效,移经文于二场,罢论、表、判,增五言八韵律诗",诗赋重新被列入科举。

在山西晋阳书院担任主讲期间,对当时考据学有功的,卢文弨无疑是最为重要的一个。卢文弨(1717—1796),字绍弓,号矶渔,杭州人,是江南名士,以四方书院为传播儒学的阵地。《三立祠名贤传》记曰:"乾隆辛丑,晋中当事延为晋阳书院院长,主讲三年,多所成就。"[①]据柳诒征先生《卢抱经先生年谱》,卢文弨于乾隆四十六年(1781)正月出京,赴太原晋阳书院,二月进院,乾隆四十八年(1783)冬南归。执掌晋阳书院期间,他勤于校勘事业,三年间成稿《周易注疏辑正》《七经孟子考文补遗》《郭士传家易说》《王右丞集笺注》《后汉书年表》《吕氏春秋》《龙城札记》等。他在考据学的传播方面做出了重要贡献。

清咸丰、道光年间,考据学逐渐衰微。在《三立祠名贤传》中,给卢文弨写了这样的赞语:"余忝席晋阳,距先生时已三十年,而人称道之不衰,可以知其教泽之入人深也。呜呼,今之拥皋比,号为都讲者,大半游士掠食耳。若先生,其无愧于经师人师哉!"从文中可以看出,由于后来的晋阳书院主讲大半"游士掠食",素质低下,导致书院日益萎缩,汇聚的学子越来越少,书院在康熙、雍正年间的风光不再了。

由上面的分析我们可以看出:在清乾隆和嘉庆期间,晋阳书院承载的文化功能,主要是对考据学的发展,是对中国古代文化的弘扬。从某种程度上讲,是对当时封建专制思想的一种理性回应。

清嘉庆过后,社会矛盾和危机加重。道光执政后,充分认识到文字狱的危害,力图在这方面有所改变,大胆纠正以前文字狱的部分错误。书院又回归讲学的传统,学子们也多在书院读书,求得上进。考据学因此也就逐步衰微。

---

①《三立祠名贤传》,见袁继咸撰、刘梅编、何其衷增补、王家屏续补《三立祠传》。

道光后期,中国面临"千年未有之大变局",第一次鸦片战争的爆发和太平天国运动,使中国朝野混乱,国势江河日下。中国数千年的儒学传统不足以应付这么大的矛盾和冲突,传统儒学逐步衰败,山西晋阳书院也只能是作为少数士子的学习之地,社会各界前往拜谒和听学者寥寥无几,书院比过去冷清不少,咸丰、同治年间更是如此。

总结起来,清道光、咸丰、同治年间的晋阳书院有如下特色:

1. 配合科考,学子寥寥。清后期随着内外矛盾的加深,闭关锁国、落后无能的表现,已被世人看得更加清楚。中国传统的儒学在西方列强的炮舰面前,显得软弱无力。好多学子开始从多方面探索中国落后挨打的原因,不愿意把希望寄托在对传统儒学的追求和对死板教条的科考的应对上。这时的晋阳书院已沦落为少数学子步入仕途的摇篮,而不是整个社会的讲学之所。它所承担的社会功能已弱化,其作用更多的是对学子们进行教育,并以此配合科考,为国家输送少量人才。

从最初的宗旨看,晋阳书院并非要配合科举,从"河汾书院"的名字就显示其是以"讲学治学"为出发点的。但随着地方官员的干预、社会的发展,书院也就主要成了为国家培养入仕人才的基地。这从明万历年间《三立书院考场记》中能够看出来:"夫天道者域也,望域而赴,至域而止,贤智者不得越于域。愚不肖者不得损于域。总之轨于道,范于正,是之谓大同。明兴,广厉学宫,毖饬功令,颛以经术,翼以传注,取以科目,由此为正途,不由此为异术……尔诸士讲习于斯,校艺于斯,明旨具在,督学使者奉持惟谨,叛离者黜,怪诞者黜,荡踰者黜。意有所欲鸷,而若束之,才有所欲聘,而若敛之,何至有为诡、为横、为干文网者。学校统持其衡,而士习一禀于正,端有望矣。"①文中的"取以科目,由此为正途",把科考入仕定为正途,从明到清一直延续。可

---

① 王三才:《三立书院考场记》,见袁继咸撰、刘梅编、何其衷增补、王永屏续补《三立祠传》。

以这样说,从清朝初年开始,在清廷干预下,书院的功能主要是应对科考,为政界培养人才。基层的士子们也把到书院学习,参加科考,步入仕途,作为入仕的一条重要通道。

2.儒学衰微,书院衰落。道光、咸丰、同治年间,国内外矛盾导致书院衰落。洋枪洋炮彻底打乱了国人旧有的生活秩序,社会混乱、书院衰落在所难免。从后来张之洞于光绪七年(1881)来山西任巡抚后发出感叹"士气衰微而废其学",就可知当时的书院已经名存实亡、奄奄一息,不能为山西社会提供有效的智力支撑,所以他才提出建设山西省城的令德堂书院。尽管如此,国人由书院步入仕途的渠道仍然敞开着,很多人仍然愿意为此不懈努力,换取乌纱一顶。但看到清政府在内外矛盾交织下的溃败,不少有良知的国人,已对清政府不抱幻想。当入仕官员无法承担挽救国家危亡的重任时,书院的重要性在人们心里也就减去不少。

(三)清末书院改制

19世纪末的世界,工业革命的成就推动了政治变革与军事创新,资本主义列强以其船坚炮利打开了古老中国的大门,从1840年开始,又过了60年,到光绪二十六年(1900),八国联军攻入北京,第二次火烧圆明园,慈禧太后和光绪皇帝落荒而逃,数千年的帝制受到濒临灭顶的冲击。经历了两次鸦片战争的失败,再加上白莲教、太平天国等农民起义,大好河山被列强瓜分,民不聊生,各地起义风起云涌,曾经盛极一时的康乾盛世已是明日黄花。由于国家机器僵化锈蚀,外国势力涌入,各种矛盾错综复杂,所以当时的社会出现了许多光怪陆离的现象。

在这个时期,晋阳书院作为历届山西巡抚管理的教学机构,其讲学内容和课程安排日益暴露出不适应时代要求的一面。清代书院,已经基本变为清政府的附庸,只是为培养举人、进士等这些科举人才服务的。在西方列强的枪炮胁迫和攻击下,中国落后的科技、脆弱的经济短板被无限放大,书院已被日益发展的形势抛弃,清政府内有远见的官员,开始上书清廷,请求改革书院,培养社会需要的各色人才,改变国家贫穷落后的面貌,而不仅仅是培养举人和进士。光绪二十一年(1895)清顺天府尹胡燏棻向光绪皇帝上奏《变法自强疏》,认为西方各国,之所以科技发达,人才辈出,主要原因在于学校教育为国家培养了大量实用性人才;反观中国,各省虽也有书院、义塾,但只是些八股、试帖、词赋,之外什么也没有,明知其学了没用,但又代代沿袭,怎么也改不了,把人才都消耗在四书五经里了。由此他建议:"特旨通饬各直省督抚,务必破除成见,设法变更,弃章句小儒之习,习经济匡世之才,应先举省会书院,归并裁改,创立各项学堂……数年之后,民智渐开,然后由省而府而县,递为推广,将大小各书院。一律裁改,开设各项学堂。"光绪二十二年(1896)清刑部左侍郎李端棻在《奏请推广学校折》中继续上书:"臣查各省及府州县率有书院,岁调生徒入院肄业,聘师讲授,意美法良。惟奉行既久,积习日深,多课帖括,难育异才。今可令每省每县各改其一院,增广功课,变通章程,以为学堂。"①光绪二十四年(1898)维新派重要成员康有为上《请饬各省改书院淫祠为学堂折》,又提道:"我各直省及府州县,咸有书院,多者十数所,少者一二所,其民间亦有公书院、义学、社学、学塾,皆有师生,皆有经费。惜所课皆八股试帖之业,所延多庸陋之师,或拥席不讲,坐受脩脯者……莫若因省府州县乡邑,公私现有之书院、义学、社学、学塾,皆改为兼习中西之学校,省会之大书院为高等学,府州县之书院为中等学,义学、社学为小学。"②光绪皇帝很快接受其建议,发布上谕:"即将各省府厅州县现有之大小书院,一律改为兼习中学西学之学校。至于学校阶段,自应以省会之大书院为高等学,郡城之书院为中等学,州县之书院为小学,皆颁给京师大学堂章程,令其仿照办理。其地方自行

---

① 《李端棻:请推广学校折(1896)》,舒新城编《中国近代教育史资料》(上),人民教育出版社,1961,145 页。
② 《康有为:请饬各省改书院淫祠为学堂折(1898)》,同上书,人民教育出版社,1961,第80—81页。

捐办之义学社学等,亦令一律中西兼习,以广造就。"光绪二十四年四月二十三日(1898年6月11日)光绪皇帝通令全国,书院一律改为学堂,各省均遵旨奉行。但由于百日维新失败,光绪皇帝的这一旨令并没有得到很好的落实。

　　面对众多列强的虎视眈眈,此时的清朝力图富国强兵,由李鸿章、张之洞等人兴办洋务,训练新军,建造工厂制造新式武器,修建铁路发展交通事业,希望通过洋务运动来挽救日渐衰落的清王朝。晚清重臣张之洞(1837—1909),字孝达,号香涛,祖籍直隶南皮,出生于贵州兴义。同治二年(1863)考中进士,授翰林院编修,历任教习、侍读、侍讲、内阁学士、山西巡抚、两广总督、两江总督、军机大臣等职。光绪八年(1882),张之洞主政山西,大刀阔斧革弊兴利。他看到山西"时气衰微而废其学""此时为苦人才不足"的情况,与当时山西学正王可庄商议,并会衔入奏,请于太原府署西明代晋藩宝贤堂旧址,设令德堂书院。经张之洞奏准筹建,正式开办于光绪十年四月(1884年5月)。晋阳书院山长王轩,被特聘为令德堂书院之总校主讲(山长),其生员由提学使从全省各府、州、县选拔,首批学员40名。令德堂书院与晋阳书院同为全省士子之最高学府。"戊戌六君子"之一的杨深秀被聘为这里的分校兼协讲,杨深秀讲《尚书》,以春秋公羊学启迪学生,"勿迷溺于时文",学习改制立法,以新思想影响学生。学堂讲课仍按照旧规,以传统讲义为主,但引进农工、物产、地理、医药、军事等。山西忻州清光绪年间学子杨履晋曾在令德堂书院就学,后考中进士。就在他考中进士不久,王可庄突然病逝,这令他伤心不已,作诗《哭王可庄师》,原诗是这样的:"惊闻遗爱属琅玡,怅望苏台日已斜。宋玉招魂逢虎豹,康成合忏厄龙蛇。梅开燕市飘寒雪,枫冷吴江落断霞。令德门生齐下泪,偏闻问字有侯芭。"诗结尾注:"师视学山西,与南皮张孝达师创令德堂,选诸生肄业,晋亦与焉。"[①]诗中所表达的是对王可庄的怀念之情,

①杨履晋诗及尾注参见《秀容诗文存》,忻州市忻府区地方志办公室,2008,第220页。

结尾的"令德门生齐下泪,偏闻问字有侯芭",借用西汉文学家扬雄和学生侯芭的故事,比喻他们这些学子与王可庄的关系,十分感人。从这里我们可以感受到令德堂学子的良好教养。清末义和团运动爆发,天主教传教士安怀珍等人强行占据教堂,学堂因此停办。

在清朝的最后20年,朝廷和官府对农民的控制能力快速下降,乡绅阶层成为地方政治的实际主宰。传教士带来了新的知识、免费医疗和教育,他们亲民、毫无架子,不辞辛劳为农民子女们服务,较乡绅阶层更容易赢得农民们信赖。根据1898年中华内地会的一份记录,山西省正式受洗的新教徒有1300多人。到了1900年,已接近2万,再加上数目更大的慕道友、传教士们的中国私人朋友、戒烟馆和医院里的病人,对传教士有好感和信赖的人难以计数。

李提摩太和敦崇礼就是这些传教士中的杰出代表。遗憾的是,同时存在的列强向中国出售鸦片致使吸食鸦片的恶习从士绅阶层向平民阶层蔓延,严重损害了中国人民的身体健康,所以当义和团运动兴起时,不仅获得清廷支持,而且很多老百姓不明就里,山西教案发生。当时的山西巡抚岑春煊致电著名传教士李提摩太,请他作为教会代表入晋谈判。李提摩太经过调查提供了一份详细的调查报告,李提摩太与岑春煊达成一项赔偿协议,主要内容即山西省赔偿白银50万两。李提摩太的助手爱德华兹认为50万两的赔款是合适的,但乱事之后满目疮痍,建议士绅和官员们捐资重建被毁的医院。岑春煊当场带头捐款,当晚便收获2000多两的捐献,并议定50万两赔款用于建立一个促进山西省民智的新式学堂。李提摩太因此获赐一品顶戴、二等双龙宝星,世袭三代。而爱德华兹则谢绝了一切荣誉,重回山西农村行医。

清光绪二十七年(1901)湖广总督张之洞和两江总督刘坤一联名上书,详细介绍了西方和日本的教育体制,反省了历史延续下来的书院体系的积弊和不足及其应对之策:"总之,中华所以立教,我朝所以立国者,不过二帝三王之心法,周公孔子之学术。今宗旨则不悖经书,学业则兼通文武,特以事变多日,故多设门类以教士,取其周知四国博学无方,正与经传所载三代教士取人之法相合……此一事为救时首务振作大端……"①此后,各省纷纷尝试根据自己的实际,将书院改成学堂。过了一年,光绪二十八年(1902),山西大学堂成立,晋阳书院最后一位山长谷如墉担任山西大学堂总教习兼中学专斋总理,晋阳书院的学生也全部进入山西大学堂。又过了一年,光绪二十九年(1903),筹办山西大学堂的机构,购得书院东段200余亩瓜菜地和居民住宅。

所以,晋阳书院和令德堂书院可以算作山西大学的前身。

晋阳书院改为山西大学堂后,在课程设置上变化更大。书院在清朝后期主要用于大儒讲学和学子科考,主要授课内容还是四书五经、六艺、八股文、训诂等。而这次学堂改制在课程设置上由原来的儒学和科考功能为主变为实用功能为主,诚如清顺天府尹胡燏棻在《变法自强疏》中所提出的:西方各国人才辈出,其本其源皆在广设学堂,不仅工、医、农、商、矿物、格致、水师、陆师皆有学堂,而且女子、聋哑也受教育,故国无弃民,地无废材,富强之基,由此而立。光绪二十二年(1896),书院改授天文、格致等学科,光绪皇帝给予批准。光绪二十八年(1902)山西巡抚岑春煊委派候补道姚文栋为首任督办(相当于校长),高燮曾为总教习,谷如墉为副总教习,以太原文瀛湖南面的乡试贡院作为临时校址,正式开学。在学堂办理过程中,与山西人多年来亲善的寓居山西多年的英国传教士李提摩太给予了大力支持,并由他主要负责大学堂西学部的筹建。

根据1902年清政府颁布的《钦定学堂章程》和1904年颁布实施的《奏定学堂章程》,大学堂学制为3年。学堂的课程设置和教学就是以此为基础,逐步完善。在具体改制上,又分中学专斋和西学专斋。中学专斋初办时,设有高等科和三年制预科,教学内容和教学方法基本承袭了令德堂旧制。所上课程分经、史、政、艺四科,谷如墉讲《战国

①参见《张之洞、刘坤一:筹议变通政治人才为先折(1901)》,舒新城《中国近代教育史资料集》(上),人民教育出版社,1961,第55页。

策》，高燮曾讲《近思录》，贾耕讲《禹贡》，田应璜讲《明史》，成连增讲算学，胡瀛讲地理，学生不分班次，集中于大堂听课，教习按品职依次列坐正中，学生分坐两侧。考试于每月初八统一举行，成绩优异者按等级发给奖金。

西学专斋是山西大学堂的重要部分，由李提摩太倡导创办，并与山西巡抚岑春煊签订有合同。总理为李提摩太，总教习是敦崇礼。西学专斋开办时，由时任山西学正刘嘉琛通过向各县分配名额招收学生，并于1902年6月26日正式开学。山西巡抚岑春煊和省城重要官员都出席了开学典礼。岑春煊还专令以拔贡院附近皇华馆学台衙门西院作为西学专斋办公、上课用房和教习宿舍。西斋的总管理和学生膳食、住宿等一切行政事务，由中斋所设提调和舍堂监督统一管理，与教学相对独立。西学专斋初办时只设预科，教习多为外籍人，教学内容和方法基本上与英国学校相同。开设的课程是近代学科，有英语、数学、文学、物理、化学、西洋史、世界史、体操、图画等，并开有物理和化学实验课。为解决西斋教材不足的问题，李提摩太还曾于1902年至1908年在上海开设了山西大学堂高等译书院，此为中国第一所大学译书院，翻译出版了各种高等、中等和师范学校教材和名著，为引进和传播西方先进科技知识和学术思想起到了重要作用。后来，经过一定发展，西斋于1906年开办了法律、矿学和格致三个科，1908年又开办了工程科。这里要说明，西斋学生也同中斋学生一起在省城进行统一毕业考试，考试及格一律称为"举人"，各科毕业生，经过进京应试，及格后授予"进士"。山西省府还拨专款，前后从西斋选派了50余名优秀毕业生赴英国留学，学习铁路、采矿、机械等科目。这些留学生归国后为山西省开发矿产、兴办工业及发展该校工科做出了一定贡献。

由兴而衰，势所必然。清代后期直到晚期，咸丰、道光、同治、光绪年间，由于外来势力的入侵和国内的混乱，起不到经世作用的晋阳书院衰微在所难免。传统的儒学教义根本比不上经世实用、振兴民本的课程，如农工、军事、医药等。四书五经、孔孟之道被晾到一边，逐步被人

山西大学堂旧址

民群众抛弃。为了适应世界形势发展的需要,中国晚清政界人士李鸿章、张之洞等大力开展洋务运动,主张学习西方,由此兴起开办学堂的热潮。这是一种新式的潮流。这一潮流冲击着数千年来中国的儒教思想和根深蒂固的皇权观念,昭示着一种新思潮、新文化、新教育体系正涌向中国,涌向山西。这也许正是晚清晋阳书院所承载的重要价值。

五、结语

书院首先是一种有形的空间。同时,书院作为教学、祭祀、藏书、思想讨论和学术研究的场所,在历史中还承载了思想传承的价值。儒学是中国古代文化的核心,书院作为一种古代文化教育场所,其最大的功能就是弘扬儒学。可以说,传道、弘道、明道、修道,也就是传承儒家道统,一直是书院的主要功能。晋阳书院承接了明代之前河汾学派的学脉,开枝散叶于明朝中期和后期以及整个清朝。本章的写作正是基于这样两条线索,即,一为历史的考据,一为思想脉络的追踪。前者是更为直观的历史记录,后者则是内在灵魂和精神核心。

后　记

历史地看,地方书院必然随着这个地方文化的发展而变迁。山西书院与山西儒家思想乃至地方文化有天然的联系。在近千年的流变过程中,由于承担了补充官学、普及教育、传播思想、传承文明等功能,作为一种特定历史阶段的文化表征和组织形态,山西书院折射了山西传统文化发展、兴盛与衰落的历程,并且反映了儒家思想在山西的演变。为此,我们力图自儒家初兴至儒学式微,以山西境内曾经出现的设教以及由此发展起来的书院为线索和坐标,以历代创办、主持和讲学于这些教育机构的知名文士之思想为纽带,从历时与共时两个维度上溯三晋文化演变之起源,下循近代以来山西地域文化发展之轨迹,进而梳理山西书院与山西文化发展的脉络,探究山西书院对三晋文化,乃至华夏文明的发展所起到的不可替代的促进作用。

本书是山西省社会科学院哲学研究所科研人员集体智慧的结晶。从2016年秋末冬初开始,时任所长刘景钊研究员提出书院研究的议题,并组织研讨,开始调研,2017年春节之后至今,在现任负责人杨珺副所长的组织带领下先后用了三年多的时间,从选题论证、搜集资料、梳理线索、实地调研、座谈访谈,到整理资料、分章撰稿、核实材料、审稿校对,同志们为此付出了辛勤的劳动,一些当地研究学者也参与了调研写作,丰富了研究层次。限于篇幅和书稿结构,这里呈现的仅仅是我们基于所搜集资料开展研究的少部分成果。本书各部分撰稿人如下:导论,杨根龙;第一章,杨珺,李文;第二章,杨珺,王世茂;第三章,马春茹;第四章,马燕萍,张斯直;第五章,马燕萍,张斯直;后记,杨珺。

对山西书院展开文化哲学研究有助于反思近代山西文化发展滞

后的原因,并在此基础上提出发掘山西文化资源与建设文化强省的对策。这也是我们后续研究的目标和导向。

在书稿付梓之际,我们要特别感谢太原、运城、临汾、阳泉、晋中、吕梁、忻州、朔州、大同、长治、晋城等地市委宣传部及文博、史志、教育等部门的专家、学者,在调研过程中给予的大力支持和无私帮助,感谢山西省社科院对于哲学所开展书院研究的一贯支持,感谢山西黄河文化生态研究院的经费支持,感谢山西人民出版社武静老师、郭向南老师等的支持。

本书是山西思想文化系列研究的第一部,以后我们还将继续推出第二部、第三部,为山西传统文化的当代价值发掘尽一点哲学人的绵薄之力。

杨　珺